180 Days of WRITING for Fifth Grade

Spanish

- Preescritura
- Borrador
- Revisión
- Corrección
- Publicación

Author

Torrey Maloof

Shell Education

Standards

For information on how this resource meets national and other state standards, see pages 4–6. You may also review this information by scanning the QR code or visiting our website at www.shelleducation.com and following the on-screen directions.

Publishing Credits

Corinne Burton, M.A.Ed., *President*; Emily R. Smith, M.A.Ed., *Content Director*; Jennifer Wilson, *Editor*; Grace Alba Le, *Multimedia Designer*; Don Tran, *Production Artist*; Stephanie Bernard, *Assistant Editor*; Amber Goff, *Editorial Assistant*

Image Credits

pp. 14, 16, 17, 21, 35, 37, 64, 219–220, 222: iStock; All other images Shutterstock

Standards

Shell Education
5482 Argosy Avenue
Huntington Beach, CA 92649-1030
www.tcmpub.com/shell-education
ISBN 978-1-0876-4875-0
© 2021 Shell Education Publishing, Inc.

TABLE OF CONTENTS

INTRODUCTION

The Need for Practice

To be successful in today's writing classrooms, students must deeply understand both concepts and procedures so that they can discuss and demonstrate their understanding. Demonstrating understanding is a process that must be continually practiced for students to be successful. Practice is especially important to help students apply their concrete, conceptual understanding of each particular writing skill.

Understanding Assessment

In addition to providing opportunities for frequent practice, teachers must be able to assess students' writing skills. This is important so that teachers can adequately address students' misconceptions, build on their current understandings, and challenge them appropriately. Assessment is a long-term process that involves careful analysis of student responses from a discussion, project, practice sheet, or test. When analyzing the data, it is important for teachers to reflect on how their teaching practices may have influenced students' responses and to identify those areas where additional instruction may be required. In short, the data gathered from assessments should be used to inform instruction: slow down, speed up, or reteach. This type of assessment is called *formative assessment*.

HOW TO USE THIS BOOK

With *180 Days of Writing*, creative, theme-based units guide students as they practice the five steps of the writing process: prewriting, drafting, revising, editing, and publishing. During each odd week (Weeks 1, 3, 5, etc.), students interact with mentor texts. Then, students apply their learning by writing their own pieces during each following even week (Weeks 2, 4, 6, etc.). Many practice pages also focus on grammar/language standards to help improve students' writing.

Easy to Use and Standards Based

These daily activities reinforce grade-level skills across the various genres of writing: opinion, informative/explanatory, and narrative. Each day provides a full practice page, making the activities easy to prepare and implement as part of a classroom morning routine, at the beginning of each writing lesson, or as homework.

The chart below indicates the writing and language standards that are addressed throughout this book. See pages 5–6 for a breakdown of which writing standard is covered in each week. **Note:** Students may not have deep understandings of some topics in this book. Remember to assess students based on their writing skills and not their content knowledge.

College and Career Readiness Standards

Writing 5.1—Write opinion pieces on topics or texts, supporting a point of view with reasons and information.
Writing 5.2—Write informative/explanatory texts to examine a topic and convey ideas and information clearly.
Writing 5.3—Write narratives to develop real or imagined experiences or events using effective technique, descriptive details, and clear event sequences.
Language 5.1—Demonstrate command of the conventions of standard English grammar and usage when writing or speaking.
Language 5.2—Demonstrate command of the conventions of standard English capitalization, punctuation, and spelling when writing.
Language 5.3—Use knowledge of language and its conventions when writing, speaking, reading, or listening.
Language 5.4—Consult reference materials (e.g., dictionaries, glossaries, thesauruses), both print and digital, to find the pronunciation and determine or clarify the precise meaning of key words and phrases.
Language 5.5—Demonstrate understanding of figurative language, word relationships, and nuances in word meanings.
Language 5.6—Acquire and use accurately grade-appropriate general academic and domain-specific words and phrases, including those that signal contrast, addition, and other logical relationships (e.g., *however, although, nevertheless, similarly, moreover, in addition*).

HOW TO USE THIS BOOK (cont.)

Below is a list of overarching themes, corresponding weekly themes, and the writing standards that students will encounter throughout this book. For each overarching theme, students will interact with mentor texts in the odd week and then apply their learning by writing their own pieces in the even week. **Note:** The writing prompt for each week can be found on pages 7–8. You may wish to display the prompts in the classroom for students to reference throughout the appropriate weeks.

Overarching Themes	Weekly Themes	Standards
Cool Technology	**Week 1:** Driverless Cars **Week 2:** Smart Homes	**Writing 5.3**—Write narratives to develop real or imagined experiences or events using effective technique, descriptive details, and clear event sequences.
Venomous Animals	**Week 3:** Cone Snails **Week 4:** Blue-Ringed Octopuses	**Writing 5.2**—Write informative/explanatory texts to examine a topic and convey ideas and information clearly.
Mysterious Monsters	**Week 5:** Yeti **Week 6:** Loch Ness Monster	**Writing 5.1**—Write opinion pieces on topics or texts, supporting a point of view with reasons and information.
Halloween	**Week 7:** Haunted Houses **Week 8:** Trick or Treating	**Writing 5.1**—Write opinion pieces on topics or texts, supporting a point of view with reasons and information.
Elections	**Week 9:** Campaigning **Week 10:** Voting	**Writing 5.2**—Write informative/explanatory texts to examine a topic and convey ideas and information clearly.
Extreme Activities	**Week 11:** Cliff Camping **Week 12:** Skydiving	**Writing 5.3**—Write narratives to develop real or imagined experiences or events using effective technique, descriptive details, and clear event sequences.
Space Exploration	**Week 13:** The Mars Rover **Week 14:** The *Orion*	**Writing 5.3**—Write narratives to develop real or imagined experiences or events using effective technique, descriptive details, and clear event sequences.
History's Mysteries	**Week 15:** Atlantis **Week 16:** Amelia Earhart	**Writing 5.2**—Write informative/explanatory texts to examine a topic and convey ideas and information clearly.
Living Healthy	**Week 17:** Nutrition **Week 18:** Exercise	**Writing 5.1**—Write opinion pieces on topics or texts, supporting a point of view with reasons and information.

Overarching Themes	Weekly Themes	Standards
Black History Month	**Week 19:** Montgomery Bus Boycott **Week 20:** March on Washington	**Writing 5.2**—Write informative/explanatory texts to examine a topic and convey ideas and information clearly.
U.S. Presidents	**Week 21:** George Washington **Week 22:** Abraham Lincoln	**Writing 5.1**—Write opinion pieces on topics or texts, supporting a point of view with reasons and information.
Women's History Month	**Week 23:** Lois Lowry **Week 24:** J. K. Rowling	**Writing 5.2**—Write informative/explanatory texts to examine a topic and convey ideas and information clearly.
Wacky Weather	**Week 25:** Heat Waves **Week 26:** Blizzards	**Writing 5.3**—Write narratives to develop real or imagined experiences or events using effective technique, descriptive details, and clear event sequences.
National Poetry Month	**Week 27:** Robert Frost **Week 28:** Emily Dickinson	**Writing 5.1**—Write opinion pieces on topics or texts, supporting a point of view with reasons and information.
Earth Day	**Week 29:** Recycling **Week 30:** Saving Energy	**Writing 5.3**—Write narratives to develop real or imagined experiences or events using effective technique, descriptive details, and clear event sequences.
Natural Disasters	**Week 31:** Tsunamis **Week 32:** Avalanches	**Writing 5.2**—Write informative/explanatory texts to examine a topic and convey ideas and information clearly.
Amusement Parks	**Week 33:** Rides **Week 34:** Food	**Writing 5.1**—Write opinion pieces on topics or texts, supporting a point of view with reasons and information.
Summer's Here!	**Week 35:** Summer Activities **Week 36:** Vacation Memories	**Writing 5.3**—Write narratives to develop real or imagined experiences or events using effective technique, descriptive details, and clear event sequences.

HOW TO USE THIS BOOK (cont.)

Weekly Setup

Write each prompt on the board throughout the appropriate week. Students should reference the prompts as they work through the activity pages so that they stay focused on the topics and the right genre of writing: opinion, informative/explanatory, and narrative. You may wish to print copies of this chart from the digital resources (filename: G5_writingprompts_SP.pdf) and distribute them to students to keep throughout the school year.

Semana	Tema
1	Imagina que viajas en un automóvil autónomo. Escribe una narración que describa tu experiencia. Incluye detalles sobre dónde manejaste y qué ocurrió durante el viaje.
2	Imagina que eres dueño de una vivienda inteligente. Realiza una descripción de tu hogar en la que incluyas qué características sensacionales tiene, a quién te gustaría invitar a tu hogar y qué cosas te gustaría hacer allí.
3	Piensa en el caracol cónico. Escribe un párrafo informativo/explicativo sobre el caracol cónico. Incluye datos sobre su comportamiento y lo que come.
4	Piensa en el pulpo de anillos azules. Escribe un párrafo informativo/explicativo sobre el pulpo de anillos azules. Incluye datos sobre su personalidad.
5	Algunas personas creen que el yeti existe y otras no. Escribe un párrafo en el que expreses tu opinión sobre el hecho de que haya personas que invierten tiempo y dinero en buscar al monstruo.
6	Algunas personas creen que el monstruo del lago Ness existe y otras no. Escribe un párrafo en el que expreses tu opinión sobre el hecho de que haya personas que invierten tiempo y dinero en buscar al monstruo.
7	¿Te gustan las casas embrujadas? ¿Cuál es tu opinión sobre esta tradición de *Halloween*? Escribe un párrafo de opinión en el que argumentes a favor o en contra de conservar las casas embrujadas.
8	¿Te gusta la tradición de "dulce o truco"? ¿Cuál es tu opinión sobre esta tradición de *Halloween*? Escribe un párrafo de opinión en el que presentes los argumentos para conservar la tradición o comenzar una nueva.

Semana	Tema
9	Piensa en el proceso de la campaña electoral. Escribe un párrafo informativo/explicativo sobre los pasos del proceso de la campaña electoral. Incluye datos sobre quiénes hacen campañas políticas y cómo las hacen.
10	Piensa en el proceso de votación. Escribe un párrafo informativo/explicativo sobre los pasos del proceso de votación. Incluye datos sobre quiénes pueden votar y cómo lo hacen.
11	Imagina que acampas en un acantilado por primera vez. Describe tu experiencia de acampar en un acantilado. Incluye detalles sobre dónde acampaste, quién estaba contigo y cómo te sentiste.
12	Imagina que estás haciendo paracaidismo por primera vez. Describe tu experiencia de paracaidismo. Incluye detalles sobre dónde te lanzaste, quién estaba contigo y cómo te sentiste mientras salías del avión.
13	Imagina que haces una excursión para saber acerca de un explorador de Marte. Escribe un párrafo narrativo sobre lo que ocurre en la excursión. Incluye detalles de lo que aprendes sobre el explorador.
14	Imagina que estás viajando a bordo de la nave espacial *Orión*. Escribe un párrafo narrativo sobre cómo es la nave espacial. Incluye detalles sobre quiénes te acompañan y qué ocurre durante el viaje.
15	Piensa en la ciudad perdida de la Atlántida. Escribe un párrafo informativo/explicativo sobre la Atlántida. Incluye detalles sobre qué es lo que las personas creen que ocurrió allí.

HOW TO USE THIS BOOK *(cont.)*

Semana	Tema	Semana	Tema
16	Piensa en Amelia Earhart. Escribe un párrafo informativo/explicativo sobre su último vuelo. Incluye detalles sobre dónde transcurrió el vuelo y qué sucedió después de que ella desapareciera.	27	¿Qué sientes sobre el poema de Robert Frost? Escribe un párrafo de opinión que exprese tu pensamiento. Incluye detalles que respalden tu opinión.
17	¿Crees que las personas deberían comer alimentos saludables? Escribe un párrafo en el que expreses tu opinión acerca de si las personas deberían comer alimentos saludables. Incluye detalles que respalden tu opinión.	28	¿Qué sientes sobre el poema de Emily Dickinson? Escribe un párrafo de opinión que exprese tu pensamiento. Incluye detalles que respalden tu opinión.
18	¿Crees que las personas deberían hacer ejercicio? Escribe un párrafo en el que expreses tu opinión acerca de si las personas deberían hacer ejercicio. Incluye detalles que respalden tu opinión.	29	Escribe un párrafo narrativo sobre el reciclaje. Incluye un personaje específico que recicle y por qué lo hace.
19	Escribe un párrafo informativo/explicativo acerca del boicot de autobuses de Montgomery. Incluye datos sobre qué ocurrió y quiénes participaron.	30	Escribe un párrafo narrativo sobre el ahorro de energía. Incluye un personaje específico que ahorre energía y cómo lo hace.
20	Escribe un párrafo informativo/explicativo acerca de la Marcha sobre Washington de 1963. Incluye datos sobre qué ocurrió y quiénes participaron.	31	Escribe un párrafo informativo/explicativo sobre los tsunamis. Incluye datos sobre qué es un tsunami, cómo comienza y qué tipos de destrucción puede causar.
21	¿Crees que George Washington fue un buen presidente? Escribe un párrafo de opinión sobre él. Incluye los motivos que respalden tu opinión.	32	Escribe un párrafo informativo/explicativo sobre las avalanchas. Incluye datos sobre qué es una avalancha, cómo comienza y qué tipos de destrucción puede causar.
22	¿Crees que Abraham Lincoln fue un buen presidente? Escribe un párrafo de opinión sobre él. Incluye los motivos que respalden tu opinión.	33	¿Te gustan las atracciones en los parques de diversiones? Escribe un párrafo de opinión que describa qué parque de diversiones tiene las mejores atracciones. Incluye detalles que respalden tu opinión.
23	Escribe un párrafo informativo/explicativo sobre Lois Lowry. Incluye datos sobre su vida, entre ellos, sus logros.	34	¿Te gusta la comida que se sirve en los parques de diversiones? Escribe un párrafo de opinión que describa qué piensas sobre la comida de los parques de diversiones. Incluye detalles que respalden tu opinión.
24	Escribe un párrafo informativo/explicativo sobre J. K. Rowling. Incluye datos sobre su vida, entre ellos, sus logros.	35	Redacta una narración que describa algunas de las actividades de verano que te gustan hacer. Incluye detalles sobre con quiénes haces esas actividades y dónde te gusta hacerlas.
25	Imagina que experimentas una ola de calor por primera vez. Escribe un párrafo narrativo que describa tu experiencia. Incluye detalles sobre lo que haces para refrescarte.	36	Redacta una narración que describa tus vacaciones favoritas. Incluye detalles sobre dónde fuiste, con quién fuiste y las cosas que pasaron mientras estabas de viaje.
26	Imagina que estás atrapado en una ventisca. Escribe un párrafo narrativo que describa tu experiencia.		

HOW TO USE THIS BOOK (cont.)

Using the Practice Pages

The activity pages provide practice and assessment opportunities for each day of the school year. Teachers may wish to prepare packets of weekly practice pages for the classroom or for homework. As outlined on pages 5–6, each two-week unit is aligned to one writing standard. **Note:** Before implementing each week's activity pages, review the corresponding prompt on pages 7–8 with students and have students brainstorm thoughts about each topic.

On odd weeks, students practice the daily skills using mentor texts. On even weeks, students use what they have learned in the previous week and apply it to their own writing.

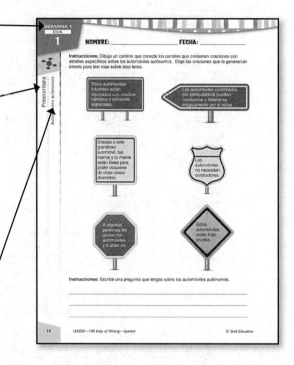

Each day focuses on one of the steps in the writing process: prewriting, drafting, revising, editing, and publishing.

There are 18 overarching themes. Each odd week and the following even week focus on unique themes that fit under one overarching theme. For a list of the overarching themes and individual weekly themes, see pages 5–6.

Using the Resources

The following resources will be helpful to students as they complete the activity pages. Print copies of these resources and provide them to students to keep at their desks.

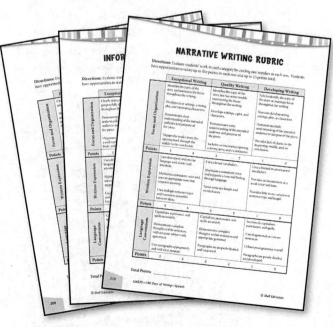

Rubrics for the three genres of writing (opinion, informative/explanatory, and narrative) can be found on pages 208–210. Use the rubrics to assess students' writing at the end of each even week. Be sure to share these rubrics with students often so that they know what is expected of them.

HOW TO USE THIS BOOK (cont.)

Using the Resources (cont.)

The Writing Process can be found on page 214 and in the digital resources (filename: G5_writing_process_SP.pdf). Students can reference each step of the writing process as they move through each week.

Editing Marks can be found on page 215 and in the digital resources (filename: G5_editing_marks_SP.pdf). Students may need to reference this page as they work on the editing activities (Day 4s).

If you wish to have students peer or self-edit their writing, a *Peer/Self-Editing Checklist* is provided on page 222 and in the digital resources (filename: G5_peer_checklist_SP.pdf).

Writing Signs for each of the writing genres are on pages 219–221 and in the digital resources (filename: G5_writing_signs_SP.pdf). Hang the posters up during the appropriate two-week units to remind students which type of writing they are focusing on.

Writing Tips pages for each of the writing genres can be found on pages 216–218 and in the digital resources (filename: G5_writing_tips_SP.pdf). Students can reference the appropriate *Writing Tips* pages as they work through the weeks.

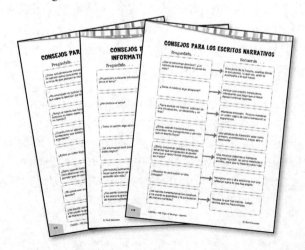

HOW TO USE THIS BOOK (cont.)

Diagnostic Assessment

Teachers can use the practice pages as diagnostic assessments. The data analysis tools included with the book enable teachers or parents to quickly score students' work and monitor their progress. Teachers and parents can quickly see which writing skills students may need to target further to develop proficiency.

After students complete each two-week unit, score each students' even week Day 5 published piece using the appropriate, genre-specific rubric (pages 208–210). Then, complete the *Practice Page Item Analysis* (pages 211–213) that matches the writing genre. These charts are also provided in the digital resources (filenames: G5_opinion_analysis.pdf, G5_inform_analysis.pdf, G5_narrative_analysis.pdf). Teachers can input data into the electronic files directly on the computer, or they can print the pages and analyze students' work using paper and pencil.

To Complete the Practice Page Item Analyses:

- Write or type students' names in the far-left column. Depending on the number of students, more than one copy of the form may be needed or you may need to add rows.

- The weeks in which the particular writing genres are the focus are indicated across the tops of the charts. **Note:** Students are only assessed on the even weeks, therefore the odd weeks are not included on the charts.

- For each student, record his or her rubric score in the appropriate column.

- Add the scores for each student after they've focused on a particular writing genre twice. Place that sum in the far right column. Use these scores as benchmarks to determine how each student is performing. This allows for three benchmarks during the year that you can use to gather formative diagnostic data.

Using the Results to Differentiate Instruction

Once results are gathered and analyzed, teachers can use the results to inform the way they differentiate instruction. The data can help determine which writing types are the most difficult for students and which students need additional instructional support and continued practice.

Whole-Class Support

The results of the diagnostic analysis may show that the entire class is struggling with a particular writing genre. If these concepts have been taught in the past, this indicates that further instruction or reteaching is necessary. If these concepts have not been taught in the past, this data is a great preassessment and may demonstrate that students do not have a working knowledge of the concepts. Thus, careful planning for the length of the unit(s) or lesson(s) must be considered, and additional front-loading may be required.

Small-Group or Individual Support

The results of the diagnostic analysis may show that an individual student or a small group of students is struggling with a particular writing genre. If these concepts have been taught in the past, this indicates that further instruction or reteaching is necessary. Consider pulling these students aside to instruct them further on the concept(s), while others are working independently. Students may also benefit from extra practice using games or computer-based resources. Teachers can also use the results to help identify individual students or groups of proficient students who are ready for enrichment or above-grade-level instruction. These students may benefit from independent learning contracts or more challenging activities.

Digital Resources

Reference page 223 for information about accessing the digital resources and an overview of the contents.

STANDARDS CORRELATIONS

Shell Education is committed to producing educational materials that are research and standards based. All products are correlated to the academic standards of all 50 states, the District of Columbia, the Department of Defense Dependent Schools, and the Canadian provinces.

How to Find Standards Correlations

To print a customized correlation report of this product for your state, visit **www.tcmpub.com/administrators/correlations/** and follow the online directions. If you require assistance in printing correlation reports, please contact the Customer Service Department at 1-877-777-3450.

Purpose and Intent of Standards

The Every Student Succeeds Act (ESSA) mandates that all states adopt challenging academic standards that help students meet the goal of college and career readiness. While many states already adopted academic standards prior to ESSA, the act continues to hold states accountable for detailed and comprehensive standards.

Standards are designed to focus instruction and guide adoption of curricula. Standards are statements that describe the criteria necessary for students to meet specific academic goals. They define the knowledge, skills, and content students should acquire at each level. Standards are also used to develop standardized tests to evaluate students' academic progress. Teachers are required to demonstrate how their lessons meet state standards. State standards are used in the development of all Shell products, so educators can be assured they meet the academic requirements of each state.

Preescritura
Automóviles autónomos

NOMBRE: _____ **FECHA:** _____

Instrucciones: Dibuja un camino que conecte los carteles que contienen oraciones con detalles específicos sobre los automóviles autónomos. Elige las oraciones que te generarían interés para leer más sobre este tema.

Estos automóviles futuristas están equipados con muchas cámaras y sensores especiales.

Los automóviles controlados por computadora pueden conducirse y detenerse mágicamente por sí solos.

Gracias a este grandioso automóvil, tus manos y tu mente están libres para poder ocuparse de otras cosas divertidas.

Los automóviles no necesitan conductores.

A algunas personas les gustan los automóviles y a otras no.

Estos automóviles están bajo prueba.

Instrucciones: Escribe una pregunta que tengas sobre los automóviles autónomos.

_____

_____

_____

NOMBRE: _____ **FECHA:** _____

Instrucciones: Lee el texto. Dibuja caras sonrientes al final de las oraciones que incluyan detalles específicos y descriptivos.

Hacía mucho frío en el inhabitado desierto de Nevada esa mañana de invierno, pero yo sudaba a mares. Las manos me temblaban como tiemblan las hojas por las ráfagas de viento. El automóvil se movía. Estaba asustado. El lustroso volante cromado se inclinaba serenamente de un lado a otro como un columpio, pero nadie lo sujetaba. El asiento del conductor estaba vacío. ¡El auto se conducía por el camino sin un conductor!

—¿No es grandioso? —dijo el Sr. Cogs. Él lo construyó. Estaba en el asiento de atrás al lado mío.

—Sr. Cogs, ¿cómo sabe cuándo detenerse y cuándo seguir? —pregunté.

—Este automóvil es como una araña. ¡Tiene ojos en todas partes! —se rio el Sr. Cogs.

—No se parece a ninguna araña que jamás haya visto. Además, no veo ojos en esta cosa —agregué nerviosamente.

—Algunas arañas pueden tener hasta 12 ojos. Este automóvil controlado por computadora tiene más de 100 sensores, cámaras y láseres diminutos que funcionan como ojos —anunció con orgullo el Sr. Cogs.

Cuando terminó mi paseo, lancé un enorme suspiro de alivio. Algunas personas están entusiasmadas con estos automóviles. Les gusta la idea de poder hacer otras cosas en lugar de conducir. A mí no me gustan. No estoy preparado para ese tipo de tecnología.

Práctica para escribir en cursiva *abc*

Instrucciones: Usa letra cursiva para escribir algo que las personas podrían hacer en un automóvil autónomo ya que no tienen que conducir.

_____

_____

Revisión

Automóviles autónomos

NOMBRE: _____ **FECHA:** _____

Instrucciones: Rotula las oraciones con las palabras *símil* o *metáfora*.

1. Fui una gallina en aquel automóvil.

2. Las manos me temblaban como hojas.

3. El asiento era suave como el terciopelo.

4. La nieve era una manta que cubría el suelo.

Instrucciones: Vuelve a escribir estas oraciones para incluir un símil o una metáfora.

5. El automóvil se movía.

_____

_____

6. Estaba asustado.

_____

_____

¡Refuerza tu aprendizaje!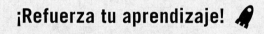

El **lenguaje figurado**, como las metáforas o los símiles, agregan emoción a tus escritos y ayudan al lector a visualizar lo que está ocurriendo.

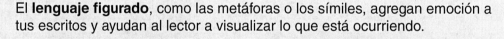

Un **símil** es una figura retórica en la que se comparan cosas usando palabras *como, cual, tal, parecer* o *así*.

Ejemplo: Este automóvil es *silencioso como un ratón*.

Una **metáfora** es una figura retórica que realiza una comparación directa entre dos cosas.

Ejemplo: *Ese automóvil es un cohete*.

NOMBRE: _____ FECHA: _____

Instrucciones: Usa el símbolo ⋀ para agregar comas en las oraciones. Luego, escribe la regla de la coma que usaste en el renglón debajo de cada oración.

> **Regla 1:** Usa una coma después de ciertos conectores.
>
> **Regla 2:** Usa una coma cuando se dirige la palabra a alguien explícito.
>
> **Regla 3:** Usa comas para separar tres o más elementos en una enumeración, excepto delante del último.

1. —Sr. Cogs ¿cómo sabe cuándo detenerse y cuándo seguir? —pregunté.

_____

2. —Este automóvil controlado por computadora tiene más de 100 sensores cámaras y láseres diminutos que funcionan como ojos.

_____

3. —Además no veo ojos en esta cosa.

_____

¡Refuerza tu aprendizaje! 🚀

La **coma** es uno de los signos de puntuación más importantes y más usados. Aclara el significado de las palabras y ayuda al lector a saber cuándo debe hacer una pausa. Usa el símbolo ⋀ para introducir una coma.

Ejemplo: Sin embargo ⋀ es posible que a algunas personas no les guste tener automóviles autónomos.

Publicación

Automóviles autónomos

NOMBRE: _____ **FECHA:** _____

Instrucciones: Repasa el texto sobre los automóviles autónomos. Piensa en cómo puedes mejorarlo con base en lo que has aprendido esta semana. En otra hoja de papel, vuelve a escribir las siete oraciones en negrita del texto para que sean más descriptivas.

Hacía mucho frío en el inhabitado desierto de Nevada esa mañana de invierno, pero yo sudaba a mares. Las manos me temblaban como tiemblan las hojas por las ráfagas de viento. **El automóvil se movía. Estaba asustado.** El lustroso volante cromado se inclinaba serenamente de un lado a otro como un columpio, pero nadie lo sujetaba. El asiento del conductor estaba vacío. ¡El auto se conducía por el camino sin un conductor!

—¿No es grandioso? —dijo el Sr. Cogs. Él lo construyó. Estaba en el asiento de atrás al lado mío.

—Sr. Cogs, ¿cómo sabe cuándo detenerse y cuándo seguir? —pregunté.

—Este automóvil es como una araña. ¡Tiene ojos en todas partes! —se rio el Sr. Cogs.

—No se parece a ninguna araña que jamás haya visto. Además, no veo ojos en esta cosa —agregué nerviosamente.

—Algunas arañas pueden tener hasta 12 ojos. Este automóvil controlado por computadora tiene más de 100 sensores, cámaras y láseres diminutos que funcionan como ojos —anunció con orgullo el Sr. Cogs.

Cuando terminó mi paseo, lancé un enorme suspiro de alivio. Algunas personas están entusiasmadas con estos automóviles. Les gusta la idea de poder hacer otras cosas en lugar de conducir. **A mí no me gustan. No estoy preparado para ese tipo de tecnología.**

Esta semana, aprendí lo siguiente:

- a incluir detalles específicos
- incluir detalles que entretengan y diviertan al lector
- usar lenguaje figurado para que mis escritos sean más sólidos
- a usar las comas adecuadamente

NOMBRE: _____ **FECHA:** _____

Instrucciones: Lee el párrafo. Luego, haz una lluvia de ideas para los elementos que te gustaría tener en la vivienda inteligente de tus sueños. Usa el organizador gráfico como ayuda para ordenar tus ideas.

Una vivienda inteligente es un hogar repleto de tecnología. Una computadora controla todo en el hogar, desde abrir puertas hasta regar las plantas del hogar. Incluso tu refrigerador puede sugerirte algo para comer. Hasta podría hacer un pedido de alimentos usando Internet. ¡Las posibilidades son ilimitadas!

MI VIVIENDA INTELIGENTE

TECNOLOGÍA PARA LA COCINA

TECNOLOGÍA PARA LA HABITACIÓN

TECNOLOGÍA PARA EL BAÑO

OTRO TIPO DE TECNOLOGÍA

NOMBRE: _____ **FECHA:** _____

Instrucciones: Imagina que eres dueño de una vivienda inteligente. Realiza una descripción de tu hogar en la que incluyas qué características sensacionales tiene, a quién te gustaría invitar a tu hogar y qué cosas te gustaría hacer allí. Usa tus notas de la página 19 como ayuda para redactar el borrador del párrafo narrativo.

_____

_____

_____

_____

_____

_____

_____

_____

_____

_____

_____

_____

_____

_____

¡Recuerda!

Para redactar el borrador de un párrafo narrativo sólido, recuerda incluir lo siguiente:

- contenido que capte la atención del lector
- detalles específicos y entretenidos
- una oración de conclusión

Práctica para escribir en cursiva *abc*

Instrucciones: Usa letra cursiva para escribir el nombre de la computadora que controla tu vivienda inteligente.

_____

NOMBRE: _____ **FECHA:** _____

Instrucciones: Completa los símiles. Luego, escribe tus propias metáforas.

SÍMILES

1. rápido como _____

2. el timbre de la puerta sonó como _____

METÁFORAS

3. Escribe una metáfora sobre algo que sea nuevo.

   _____

4. Escribe una metáfora sobre algo que sea rápido.

   _____

5. Escribe una metáfora sobre algo que sea inteligente.

   _____

¡Hora de mejorar!

Repasa el párrafo que escribiste sobre tu vivienda inteligente en la página 20. Agrega un símil o una metáfora para mejorar tu escrito.

¡Recuerda!

El lenguaje figurado permite que los lectores puedan visualizar mejor lo que estás describiendo. Usar símiles y metáforas es una excelente manera de mejorar tus escritos y entretener a los lectores.

Corrección

Viviendas inteligentes

NOMBRE: _____ FECHA: _____

Instrucciones: Agrega comas a las oraciones para aclarar los significados.

1. Sr. Tech ¿cómo supo que quería más leche?

2. Primero le pido al Sr. Tech que me prepare la cena. Después le ordeno que hornee el postre.

3. Puedo usar mi teléfono para controlar las persianas las luces y la temperatura del aire.

Instrucciones: Explica las reglas de las comas usadas en estas oraciones.

4. La computadora realizó un pedido de refrigerios frutales, vasos de yogur y naranjas.

   Regla: _____

5. Sin embargo, las luces se apagaron a pesar de que no le ordené a la computadora que lo hiciera.

   Regla: _____

6. Sra. Smart, ¿sabe dónde están las bombillas de luz adicionales?

   Regla: _____

¡Hora de mejorar!

Repasa el párrafo que escribiste en la página 20. Corrige el texto para asegurarte de que hayas usado las comas correctamente. Si no encuentras lugares en los que debes incluir o modificar comas, considera agregar más detalles específicos para que puedas mostrar tus nuevas habilidades de corrección.

¡Recuerda!

Usa el símbolo ∧ para introducir una coma.

Usa el símbolo ℒ para eliminar una coma.

NOMBRE: _____ **FECHA:** _____

Instrucciones: Imagina que eres dueño de una vivienda inteligente. Haz una descripción de tu hogar en la que incluyas qué características sensacionales tiene, a quién te gustaría invitar a tu hogar y qué cosas te gustaría hacer allí.

VIVIENDA INTELIGENTE

NOMBRE: _____ **FECHA:** _____

Instrucciones: Observa las palabras que rodean la caracola. Escribe las palabras que se relacionen con los escritos informativos/explicativos dentro de la caracola. Tacha las palabras que no se relacionen con los escritos informativos/explicativos.

> Los **escritos informativos/explicativos** explican algo. Su objetivo es informar.

explicar

datos

cuentos de hadas

fantasía

pensamientos y sentimientos sobre un tema

personajes ficticios

cuentos populares

cuenta una historia

cómico

guías

informar

artículos de revista

enuncia una opinión

simulación

informes de investigación

motivos y ejemplos

noticias

persuadir

NOMBRE: _____ **FECHA:** _____

Instrucciones: Lee los párrafos sobre los caracoles cónicos. Encierra las oraciones que podrían combinarse para mejorar los párrafos.

Se ve bonito. ¡No lo levantes! Los caracoles cónicos tienen una ponzoña que puede matar a los animales e, incluso, a los seres humanos. Pueden ser pequeños. Están entre los animales más peligrosos del planeta. Hay 500 especies de estos caracoles cónicos mortales. Viven en zonas tropicales. Si practicas buceo de superficie en Hawái o Australia, ten cuidado con estos terrores tóxicos. Si no los molestas, ellos no te molestarán a ti.

El caracol cónico se alimenta de peces, lombrices y otros caracoles, no de seres humanos. Lanza su arpón como dientes hacia su presa. Libera su ponzoña. Se esparcen las toxinas. La presa queda paralizada. No se puede mover para escapar. El cazador, luego, come su presa entera. Si bien no pueden comerse a una persona, los caracoles cónicos pueden inyectar su ponzoña letal en los seres humanos. No existe antitoxina ni cura. Los médicos pueden ayudar a mantener a un paciente vivo hasta que la ponzoña se desvanezca.

En la actualidad, los científicos están estudiando las toxinas de los caracoles cónicos. Estas toxinas podrían curar enfermedades. Los científicos no son los únicos que quieren estos caracoles cónicos. ¡Los coleccionistas también los quieren! Los caparazones de los caracoles cónicos son conocidos por sus coloridos y hermosos patrones. A las personas les gusta exhibirlos. Sin embargo, a diferencia de los científicos, los coleccionistas desean los caparazones vacíos, ¡sin caracoles mortales en su interior!

Práctica para escribir en cursiva *abc*

Instrucciones: Usa letra cursiva para escribir dos nombres de otros animales que sean venenosos.

_____

_____

Revisión

Caracoles cónicos

NOMBRE: _____ FECHA: _____

Instrucciones: A veces, las oraciones pueden ser cortas y fragmentadas. Para que tus escritos fluyan, puedes combinar oraciones mediante conjunciones. Elige la mejor conjunción del banco de palabras para completar las oraciones.

Banco de palabras

y   pero   ya que   ni

o   así que   sin embargo

1. He leído muchos libros sobre los caracoles cónicos, _____ aún no puedo comprender cómo funciona su ponzoña.

2. No puedo decidir si deseo ir a Hawái en crucero _____ ir a Australia en avión.

3. El agua del mar estaba muy fría, _____ usé un traje de neopreno.

4. Se me cayó la hermosa caracola en las

   rocas _____ se rompió.

¡Refuerza tu aprendizaje! 🚀

Las **conjunciones** conectan dos o más oraciones, frases o palabras. ¿Sabías que algunas conjunciones se usan de a dos? Se llaman **conjunciones correlativas**. También pueden ayudar a fortalecer tus escritos.

Ejemplos

La exhibición de caracoles cónicos fue **tanto** interesante **como** aterradora. El guía de buceo no mencionó **ni** a los tiburones **ni** a los caracoles cónicos.

NOMBRE: _____ FECHA: _____

Instrucciones: Cuando se unen dos oraciones independientes con una conjunción, a veces debes usar una coma. Lee las oraciones y usa el símbolo ∧ para agregar comas a las oraciones de manera que sean gramaticalmente correctas.

1. El acuario tiene caracoles cónicos en un pequeño estanque de agua salada pero no los puedes tocar.

2. El coleccionista ahorró dinero durante un año y lo usó para comprar el caparazón de un caracol cónico.

3. Los científicos quieren estudiar la ponzoña de los caracoles cónicos ya que creen que podría curar el cáncer.

4. El turista pisó un caracol cónico; sin embargo vivió para contarlo.

5. El caracol cónico geógrafo es el más venenoso así que es una buena idea mantenerse alejado de él.

¡Refuerza tu aprendizaje! 🚀

Ten en cuenta que comenzar una oración con una conjunción, a veces, puede crear una oración incompleta o fragmentada. Una buena manera de evitar este problema es combinar oraciones y frases con conjunciones. Esto mejora tus escritos y te ayuda a evitar el uso de oraciones fragmentadas.

Ejemplo: El caracol cónico jaspeado es hermoso ~~,~~ y es mortal.

NOMBRE: _____ **FECHA:** _____

Instrucciones: Lee los párrafos. Con base en lo que has aprendido está semana, modifica los párrafos usando las conjunciones adecuadas para combinar las oraciones subrayadas. Escribe tus oraciones modificadas en otra hoja de papel.

(1) Se ve bonito. ¡No lo levantes! Los caracoles cónicos tienen una ponzoña que puede matar a los animales e, incluso, a los seres humanos.

(2) Pueden ser pequeños. Están entre los animales más peligrosos del planeta. Hay 500 especies de estos caracoles cónicos mortales. Viven en zonas tropicales. Si practicas buceo de superficie en Hawái o Australia, ten cuidado con estos terrores tóxicos. Si no los molestas, ellos no te molestarán a ti.

El caracol cónico se alimenta de peces, lombrices y otros caracoles, no de seres humanos. Lanza su arpón como dientes hacia su presa. **(3)** Libera su ponzoña. Se esparcen las toxinas. **(4)** La presa queda paralizada. No se puede mover para escapar. El cazador, luego, come su presa entera. Si bien no pueden comerse a una persona, los caracoles cónicos pueden inyectar su ponzoña letal en los seres humanos. **(5)** No existe antitoxina ni cura. Los médicos pueden ayudar a mantener a un paciente vivo hasta que la ponzoña se desvanezca.

En la actualidad, los científicos están estudiando las toxinas de los caracoles cónicos. Estas toxinas podrían curar enfermedades. Los científicos no son los únicos que quieren estos caracoles cónicos. ¡Los coleccionistas también los quieren! Los caparazones de los caracoles cónicos son conocidos por sus coloridos y hermosos patrones. A las personas les gusta exhibirlos. Sin embargo, a diferencia de los científicos, los coleccionistas desean los caparazones vacíos, ¡sin caracoles mortales en su interior!

Esta semana, aprendí lo siguiente:

- qué características constituyen escritos informativos/explicativos
- cómo usar conjunciones para conectar oraciones, frases y palabras
- cómo combinar oraciones para que mis escritos sean más sólidos

NOMBRE: _____ **FECHA:** _____

Instrucciones: Coloca marcas de verificación en los círculos con oraciones que podrían incluirse en un párrafo informativo/explicativo sobre los pulpos de anillos azules.

No me gustan.

Se encuentran en Japón y Australia.

El pequeño pulpo gritó: —¡Te atraparé!

Su piel es de color gris, amarillo, o con anillos de color azul claro.

Cuando estos animales se ven amenazados, los anillos de la piel se vuelven de un color azul intenso.

Usan un veneno potente para paralizar a sus presas.

Tienes que ayudar a salvar a estas pequeñas criaturas.

Tienen aproximadamente el tamaño de una pelota de golf.

NOMBRE: _____ **FECHA:** _____

Instrucciones: Piensa en los pulpos de anillos azules. Redacta el borrador de un párrafo informativo/explicativo sobre los pulpos de anillos azules. Incluye datos sobre su personalidad. Usa los datos de la página 29 como ayuda para redactar el borrador de tu párrafo.

_____

_____

_____

_____

_____

_____

_____

_____

_____

_____

_____

_____

_____

> **¡Recuerda!**
>
> Un párrafo informativo/explicativo sólido incluye lo siguiente:
>
> - se mantiene en el tema
> - no incluye opiniones personales
> - incluye datos, detalles y definiciones

Práctica para escribir en cursiva *abc*

Instrucciones: En letra cursiva, escribe el dato más interesante que aprendiste sobre los pulpos de anillos azules.

_____

_____

126830—180 Days of Writing—Spanish © *Shell Education*

NOMBRE: _____ **FECHA:** _____

Instrucciones: Piensa en las conjunciones que podrías usar para conectar palabras, frases y oraciones. En el recuadro, escribe la mayor cantidad de conjunciones que se te ocurran en tres minutos.

> **CONJUNCIONES**

Instrucciones: Escribe dos oraciones interesantes sobre los pulpos de anillos azules. Cada oración debe incluir una de las conjunciones que escribiste anteriormente.

1. _____
   _____
   _____

2. _____
   _____
   _____

¡Hora de mejorar!

Repasa el párrafo que escribiste en la página 30 sobre los pulpos de anillos azules. ¿Hay oraciones que podrías combinar para que tu escrito sea más sólido? Si no puedes encontrar oraciones para combinar, intenta agregar una oración que incluya una conjunción correlativa.

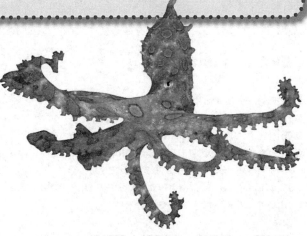

Corrección

Pulpos de anillos azules

NOMBRE: _____ **FECHA:** _____

Instrucciones: Lee las oraciones. Las conjunciones son incorrectas. Usa el símbolo ✐ para eliminar las conjunciones. Luego, escribe las conjunciones correctas encima de las palabras eliminadas.

1. El pulpo de anillos azules es tímido, ya que atacará si se siente amenazado.

2. La ponzoña ataca el sistema nervioso; sin embargo, paraliza a la víctima.

3. No existe un contraveneno para la toxina, y los médicos pueden salvarte la vida.

4. Se encuentran en el océano, ni únicamente en Japón y Australia.

. . . .

¡Hora de mejorar!

Repasa el párrafo que escribiste en la página 30 sobre los pulpos de anillos azules. Corrige tu texto agregando comas que tal vez hayas omitido cuando combinaste oraciones y agregaste conjunciones. Verifica que hayas usado las conjunciones correctas.

¡Recuerda!

Una proposición principal puede constituir una oración completa si se encuentra sola. Cuando combinas dos o más proposiciones por medio de una conjunción, a veces, necesitas agregar una coma. Usa el símbolo ⌃ para introducir una coma.

NOMBRE: _____ **FECHA:** _____

Instrucciones: Piensa en los pulpos de anillos azules. Escribe un párrafo informativo/explicativo sobre los pulpos de anillos azules. Incluye datos sobre su personalidad.

_____

_____

_____

_____

_____

_____

_____

_____

_____

_____

_____

_____

_____

_____

Preescritura | Yeti

NOMBRE: _____ **FECHA:** _____

Instrucciones: Nadie sabe con seguridad si los yetis son reales, pero muchas personas tienen opiniones sobre el tema. Separa los datos de las opiniones encerrando las pisadas que enuncian opiniones.

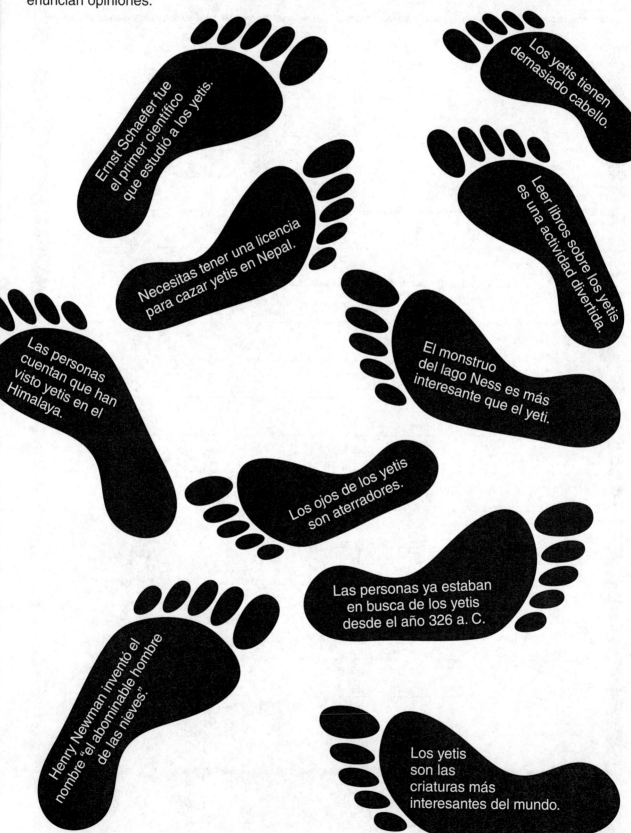

Ernst Schaefer fue el primer científico que estudió a los yetis.

Los yetis tienen demasiado cabello.

Necesitas tener una licencia para cazar yetis en Nepal.

Leer libros sobre los yetis es una actividad divertida.

Las personas cuentan que han visto yetis en el Himalaya.

El monstruo del lago Ness es más interesante que el yeti.

Los ojos de los yetis son aterradores.

Las personas ya estaban en busca de los yetis desde el año 326 a. C.

Henry Newman inventó el nombre "el abominable hombre de las nieves".

Los yetis son las criaturas más interesantes del mundo.

NOMBRE: _____ **FECHA:** _____

Borrador

Yeti

Instrucciones: Lee el párrafo. Busca tres datos y subráyalos. Luego, busca tres momentos en los que el autor enuncia su opinión y enciérralos.

¡Yo sí creo! Creo que los yetis existen. Muchas personas han visto a estos monstruos míticos caminando por el Himalaya. También se han encontrado pisadas misteriosas en esa región montañosa. Creo que esas pisadas pertenecen a los yetis. Además, las personas han hablado de los yetis durante mucho tiempo. Los conocimientos sobre los yetis datan del año 326 a. C. En aquel entonces, Alejandro Magno le exigió a su pueblo que le trajeran un yeti. Desafortunadamente, no pudieron encontrar uno para su rey. Creo que se debe a que los yetis son inteligentes. Son buenos para esconderse y son cazadores astutos. Por eso, nadie ha capturado un yeti aún. Además, creo que los yetis son tímidos. No quieren que los descubran. No confían en los seres humanos. Esto explica por qué no los vemos muy a menudo. Sin embargo, solo porque no los veamos, no significa que no existan. Debemos ser pacientes y estar atentos. Entonces, tarde o temprano podremos interactuar con los yetis. Creo que, si somos buenos con ellos, ellos serán buenos con nosotros. Creo firmemente que los yetis existen.

Práctica para escribir en cursiva

Instrucciones: Los yetis han sido representados en películas y dibujos animados. ¿Alguna vez has visto alguno en la televisión o en una película? En letra cursiva, escribe una oración que cuente una ocasión en la que hayas visto un yeti. Si no has visto ninguno, escribe una oración sobre cómo crees que es.

_____

_____

_____

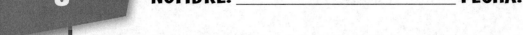

SEMANA 5
DÍA
3

Revisión Yeti

NOMBRE: _____ **FECHA:** _____

Instrucciones: Cuando expresas tu opinión, es importante tener motivos que respalden tu punto de vista. Lee las frases a continuación. Indica si estás de acuerdo o no con cada enunciado expresando claramente tu opinión. Luego, proporciona un motivo que respalde tu punto de vista.

1. Las personas no deberían estar autorizadas a escalar el monte Everest.

Opinión: _____

_____

Motivo: _____

_____

2. Está bien cazar animales silvestres.

Opinión: _____

_____

Motivo: _____

_____

3. Los yetis sí existen.

Opinión: _____

_____

Motivo: _____

_____

¡Refuerza tu aprendizaje! 🚀

Para hacer que **tus escritos de opinión** sean eficaces, asegúrate de comenzar y finalizar con firmeza. Comienza tu artículo de opinión expresando claramente tu punto de vista. Cuando sea el momento de dar por concluido tu texto, asegúrate de finalizar volviendo a expresar tu opinión.

Ejemplos

Introducción: Creo que los yetis existen.

Conclusión: Creo firmemente que los yetis existen.

NOMBRE: _____ **FECHA:** _____

Instrucciones: Lee el párrafo. Le faltan conectores. Completa los espacios en blanco con conectores del banco de palabras.

Banco de palabras

por otro lado	similarmente	asimismo	en conclusión	sin embargo
finalmente	en primer lugar	en general	específicamente	por lo tanto

---

En mi opinión, los yetis son aterradores. No sabemos mucho sobre ellos. _____,

muchos yetis han aparecido en libros, películas y programas de televisión. Los yetis me

asustan. _____, son muy grandes y tienen pies

enormes. Están cubiertos de una cabellera desordenada y

blanca. _____, tienen ojos de color rojo

intenso. Los yetis ficticios son aterradores de otras

maneras. _____, tienen un modo

de caminar extremadamente espeluznante. Sus

largas extremidades se mueven pesadamente por el

bosque. _____, se muestran escenas

de estos yetis donde generalmente lesionan a los seres

humanos o a los animales. _____, creo que

los yetis son aterradores.

¡Refuerza tu aprendizaje!

Los **conectores** pueden unir ideas similares y ayudan a organizar tus escritos. Harán que tus escritos fluyan naturalmente. Cuando tienes una oración con un elemento introductorio, debes incluir una coma para separarla del resto de la oración.

Ejemplo: Además ⌄ los yetis son muy peludos.

NOMBRE: _____ **FECHA:** _____

Instrucciones: Lee el párrafo. Piensa en cómo hizo el autor para demostrar su punto de vista. ¿Qué podría haber hecho mejor el autor? Escribe tu opinión sobre este párrafo.

El Himalaya es demasiado frío para que los yetis vivan allí. No hay suficientes alimentos en las montañas para alimentar a los yetis. Si los yetis existieran, ¿dónde están todas las fotografías? Todas las personas tienen teléfonos celulares con cámaras y, por lo tanto, debería haber muchos videos y muchas fotografías de los yetis en Internet. Hay algunas fotografías y videos esporádicos, pero se ha probado que eran falsos. Todos dicen que los yetis son grandes. Si son tan grandes, ¿cómo pueden esconderse de nosotros tan fácilmente? ¿Cómo van en busca de su comida sin que nadie los vea? No tiene sentido. Los científicos pueden encontrar nuevas especies de pequeñas ranas en el bosque tropical, pero ningún científico ha encontrado un yeti. Aun con toda la nueva tecnología, ni una sola persona ha sido capaz de localizar uno de estos gigantes hombres de las nieves. ¡Nadie puede encontrar yetis porque los yetis no existen!

_____

_____

_____

_____

_____

_____

_____

Esta semana, aprendí lo siguiente:

- a respaldar mis opiniones
- a expresar claramente mi opinión al comienzo y al final de mi argumento
- a usar conectores como *asimismo* o *además* para conectar mis ideas de manera fluida
- a usar una coma para separar un elemento introductorio del resto de la oración

NOMBRE: _____ **FECHA:** _____

Instrucciones: Lee los datos sobre el monstruo del lago Ness de Escocia. ¿Qué piensas de las personas que invierten tiempo y dinero en la búsqueda del monstruo? Completa el organizador gráfico.

- El lago Ness es un cuerpo de agua dulce en Escocia.

- El lago Ness mide alrededor de 800 pies (244 metros) de profundidad y 23 millas (37 kilómetros) de ancho.

- El monstruo del lago Ness, a menudo, es llamado "Nessie".

- Hay registros de avistamientos del monstruo de hace casi 1,500 años.

- Expediciones recientes han usado tecnología de sonar para intentar localizar al monstruo del lago Ness.

- Recientemente se descubrió que una fotografía famosa del monstruo del lago Ness de 1933 era falsa.

- Las fotografías modernas tomadas debajo del agua muestran lo que parece ser una aleta gigante.

Esta es mi opinión

_____

_____

Estos son mis motivos

1. _____

2. _____

3. _____

Esta es mi conclusión sólida

_____

_____

Borrador

El monstruo del lago Ness

NOMBRE: _____ **FECHA:** _____

Instrucciones: Algunas personas creen que el monstruo del lago Ness existe y otras no. Redacta el borrador de un párrafo en el que expreses tu opinión sobre el hecho de que haya personas que invierten tiempo y dinero en buscar al monstruo. Usa el organizador gráfico de la página 39 como ayuda.

_____

_____

_____

_____

_____

_____

_____

_____

_____

_____

_____

_____

_____

> **¡Recuerda!**
>
> Un párrafo de opinión sólido debería incluir lo siguiente:
>
> - una opinión expresada claramente al comienzo
> - motivos que respalden tu opinión
> - una oración de conclusión sólida que reafirme tu opinión

Práctica para escribir en cursiva *abc*

Instrucciones: Las personas han apodado "Nessie" al monstruo del lago Ness. Usa letra cursiva para escribir dos apodos nuevos para el monstruo del lago Ness.

_____

_____

NOMBRE: _____ **FECHA:** _____

Instrucciones: Lee el párrafo de opinión. Encierra la opinión del autor. Luego, subraya las oraciones que respaldan la opinión.

Creo que hay un monstruo que se esconde en las profundidades del lago Ness. En primer lugar, el lago Ness en Escocia es grande. Mide alrededor de 800 pies (244 metros) de profundidad y 23 millas (37 kilómetros) de ancho. Eso significa que el monstruo tiene bastante espacio para deambular, incluso si se trata de un monstruo grande. Además, hay suficiente espacio para que vivan otras cosas en el lago Ness con el monstruo. En el lago Ness viven truchas, salmones y otros seres vivos marinos. Estos seres podrían ser lo que el monstruo come para mantenerse con vida. Creo que hay suficiente alimento disponible como para que el monstruo se mantenga vivo y activo. Asimismo, hay personas que han visto al monstruo. Hay muchos testigos oculares. ¡Algunos testigos oculares son de hace más de mil años! Desafortunadamente, nadie ha tomado una fotografía del escurridizo monstruo aún, pero creo que es solo una cuestión de tiempo. Con la tecnología actual, creo que alguien podrá tomarle una fotografía pronto. Además, los científicos están usando equipos con tecnología de sonar para intentar encontrar al monstruo. Por lo tanto, las pruebas podrían estar a la vuelta de la esquina. ¡Sé que el monstruo del lago Ness existe y confío en que alguien lo encontrará pronto!

¡Hora de mejorar!

Vuelve a leer el borrador que escribiste en la página 40. ¿Expresas tu opinión de manera clara? ¿Incluyes motivos que respalden tu opinión? Escribe notas en los márgenes sobre lo que te gustaría modificar en tu versión final.

NOMBRE: _____ **FECHA:** _____

Instrucciones: Los conectores permiten que el párrafo esté bien organizado. Ayudan a que el texto fluya naturalmente y a conectar las ideas. ¿Cuántos conectores se te ocurren? Escríbelos en el recuadro.

> ## CONECTORES

Instrucciones: Ahora imagina que viajas a Escocia para buscar al monstruo del lago Ness. Escribe un par de oraciones sobre tu viaje a Escocia. Usa algunos de los conectores que escribiste anteriormente.

_____

_____

_____

_____

¡Hora de mejorar!

Repasa el párrafo que escribiste sobre el monstruo del lago Ness en la página 40. Busca lugares donde podrías agregar conectores que ayuden a que tu escrito fluya de manera más natural.

¡Recuerda!

Cuando usas un conector, asegúrate de incluir una coma para separar la palabra introductoria de la proposición independiente.

- Usa el símbolo ∧ para introducir una palabra.

- Usa el símbolo ∧̓ para introducir una coma.

NOMBRE: _____ **FECHA:** _____

Instrucciones: Algunas personas creen que el monstruo del lago Ness existe y otras no. Escribe un párrafo en el que expreses tu opinión sobre el hecho de que haya personas que invierten tiempo y dinero en buscar al monstruo.

_____

_____

_____

_____

_____

_____

_____

_____

_____

_____

_____

_____

_____

Preescritura
Casas embrujadas

NOMBRE: _____ **FECHA:** _____

Instrucciones: Las casas embrujadas pueden ser aterradoras, divertidas o ambas. Hay distintas opiniones sobre estos lugares escalofriantes. Escribe motivos que respalden cada opinión a continuación. ¡Sé ingenioso y creativo!

Las casas embrujadas son aterradoras, por eso yo elijo no ingresar en ellas.

Me encantan las casas embrujadas porque me siento como en mi hogar cuando las visito.

¡Recuerda!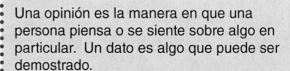

Una opinión es la manera en que una persona piensa o se siente sobre algo en particular. Un dato es algo que puede ser demostrado.

NOMBRE: _____ **FECHA:** _____

Instrucciones: Lee el párrafo. En los renglones a continuación, escribe los tres motivos principales que brinda el autor para respaldar por qué no le gustan las casas embrujadas.

Halloween se acerca, lo cual significa que pronto aparecerán casas embrujadas. No disfruto de las casas embrujadas. En primer lugar, me asustan los monstruos. La mayoría de las casas embrujadas tienen distintos monstruos aterradores, como vampiros, momias, fantasmas, zombis, brujas y hombres lobo, y todos ellos me asustan enormemente. No me gustan porque son todos aterradores. El solo verlos hace que se me retuerza el estómago y tenga pesadillas durante varias noches. En segundo lugar, le tengo miedo a la oscuridad. Las casas embrujadas son generalmente oscuras y brumosas. Es difícil ver dentro de ellas. Apenas puedo ver cuando estoy adentro. Casi no puedo ver mi propia mano delante de la cara, ni pensar en un monstruo aterrador escondido en algún rincón. Las casas embrujadas son tan oscuras que ni una linterna ayuda. Aun si tuviera una conmigo, no ingresaría a una casa embrujada. ¿Qué pasaría si la linterna se quedara sin batería? ¿Qué pasaría si se me cayera? Cuando me quedo solo en casa, dejo todas las luces encendidas, ¡y hasta duermo con las luces de la habitación encendidas! Por último, me aterran los ruidos fuertes. Las casas embrujadas tienen muchos ruidos fuertes. Los tablones de madera del suelo crujen. Una bruja aterradora se ríe estrepitosamente. Un grito que hiela la sangre baja por el pasillo. Todos estos ruidos me asustan y no me gustan. ¡Las casas embrujadas no son para mí!

1. _____

2. _____

3. _____

Práctica para escribir en cursiva *abc*

Instrucciones: Usa letra cursiva para escribir dos cosas que esperarías encontrar en una casa embrujada.

_____   _____

Revisión

Casas embrujadas

NOMBRE: _____ FECHA: _____

Instrucciones: Lee los grupos de oraciones a continuación. Las oraciones son repetitivas. Combina cada conjunto de oraciones para hacer una sola oración concisa. La primera se ha hecho como ejemplo.

1. La casa se erguía en una alta colina. En la cima de la alta colina, la casa tenía un aspecto escalofriante.

La escalofriante casa se erguía en la cima de una colina. _____

2. El Dr. Frankenstein era una persona alta. Era médico. Creó un monstruo aún más alto.

_____

_____

3. La bruja era malvada. De una manera malvada y rápida, subió a su escoba y surcó el cielo nocturno. El cielo tenía un aspecto escalofriante.

_____

_____

4. El zombi emitía gemidos. Emitía gemidos y caminaba pesadamente por la aterradora calle. La calle era larga. Estaba oscura.

_____

_____

¡Refuerza tu aprendizaje!

Las **frases repetitivas** son frases que se repiten. Cuando escribas, asegúrate de no decir lo mismo dos veces. Evita frases redundantes como las que se presentan en la tabla a continuación.

Redundante	Conciso
subir arriba	subir
opinión personal	opinión
12 de la medianoche	medianoche
de tamaño grande/pequeño	grande/pequeño
de forma redonda	redondo

NOMBRE: _____ **FECHA:** _____

Instrucciones: Usa el banco de palabras para encontrar un sinónimo para las palabras en negrita de cada oración.

> ### Banco de palabras
>
> | | | |
> |---|---|---|
> | considero | furioso | extremadamente |
> | chilló | asustó | inmensa |

1. Estaba **muy** asustado cuando vi el fantasma que era muy aterrador.

2. **Creo** que el Dr. Frankenstein creería que soy un buen científico.

3. El zombi me **aterró** con sus ojos aterradores.

4. El vampiro estaba **enojado** cuando me alejé enojado dando pisotones.

5. La bruja **gritó** cuando el viento rompió su escoba.

6. La casa **enorme** se movía cada vez que el monstruo grande daba un paso.

¡Refuerza tu aprendizaje!

Una manera de evitar las repeticiones cuando escribes es mediante el uso de sinónimos. Los **sinónimos** son palabras que tienen el mismo significado que otras palabras o un significado similar.

Publicación
Casas embrujadas

NOMBRE: _____ **FECHA:** _____

Instrucciones: Vuelve a leer el párrafo. Usa lo que has aprendido esta semana para ayudar al autor a mejorar su escrito. Escribe tus notas en los márgenes.

Halloween se acerca, lo cual significa que pronto aparecerán casas embrujadas. No disfruto de las casas embrujadas. En primer lugar, me asustan los monstruos. La mayoría de las casas embrujadas tienen distintos monstruos aterradores, como vampiros, momias, fantasmas, zombis, brujas y hombres lobo, y todos ellos me asustan enormemente. No me gustan porque son todos aterradores. El solo verlos hace que se me retuerza el estómago y tenga pesadillas durante varias noches. En segundo lugar, le tengo miedo a la oscuridad. Las casas embrujadas son generalmente oscuras y brumosas. Es difícil ver dentro de ellas. Apenas puedo ver cuando estoy adentro. Casi no puedo ver mi propia mano delante de la cara, ni pensar en un monstruo aterrador escondido en algún rincón. Las casas embrujadas son tan oscuras que ni una linterna ayuda. Aun si tuviera una conmigo, no ingresaría a una casa embrujada. ¿Qué pasaría si la linterna se quedara sin batería? ¿Qué pasaría si se me cayera? Cuando me quedo solo en casa, dejo todas las luces encendidas, ¡y hasta duermo con las luces de la habitación encendidas! Por último, me aterran los ruidos fuertes. Las casas embrujadas tienen muchos ruidos fuertes. Los tablones de madera del suelo crujen. Una bruja aterradora se ríe estrepitosamente. Un grito que hiela la sangre baja por el pasillo. Todos estos ruidos me asustan y no me gustan. ¡Las casas embrujadas no son para mí!

Esta semana, aprendí lo siguiente:

- a expresar claramente una opinión
- que mi escrito debe ser claro y conciso
- sobre los sinónimos y cómo usarlos correctamente

NOMBRE: _____ **FECHA:** _____

Instrucciones: ¿Cuáles son las ventajas y desventajas de la tradición de "dulce o truco" en *Halloween*? Completa la tabla a continuación. Se han proporcionado ejemplos para ayudarte a comenzar.

Preescritura

Dulce o truco

VENTAJAS	DESVENTAJAS
Te diviertes con tus amigos.	Los dulces no son saludables.

Borrador

Dulce o truco

NOMBRE: _____ **FECHA:** _____

Instrucciones: ¿Te gusta la tradición de "dulce o truco"? ¿Cuál es tu opinión sobre esta tradición de *Halloween*? Redacta el borrador de un párrafo de opinión en el que presentes los argumentos para conservar la tradición o comenzar una nueva. Usa las notas de la página 49 como ayuda para redactar el borrador de tu párrafo de opinión.

_____

_____

_____

_____

_____

_____

_____

_____

_____

_____

_____

_____

¡Recuerda!

Un párrafo de opinión sólido debe tener lo siguiente:

- expresar lo que piensas o sientes sobre el tema de manera clara

- incluir los motivos que respalden tu opinión

Práctica para escribir en cursiva *abc*

Instrucciones: ¿Qué más hacen los niños en *Halloween* además de la tradición de "dulce o truco"? Usa letra cursiva para nombrar todas las actividades que se te ocurran.

_____

_____

NOMBRE: _____ **FECHA:** _____

Instrucciones: Los buenos escritores no usan palabras que no necesitan. Es importante evitar la verbosidad y la repetición. No querrás confundir a tus lectores ni hacerlos perder interés. Enumera tres maneras que te permiten evitar el uso de muchas palabras.

1. _____

2. _____

3. _____

Instrucciones: Vuelve a escribir la oración a continuación de manera que sea clara y concisa.

Salí a pedir dulces hasta las 12 a. m. de la medianoche esa noche, y quedé cansado y exhausto.

_____

_____

¡Hora de mejorar!

Repasa el párrafo que escribiste sobre la tradición de "dulce o truco" en la página 50. ¿Hay alguna palabra o frase que puedas eliminar? ¿Hay oraciones que puedas combinar para que sean más concisas? Modifica tu trabajo para que sea claro y directo.

Corrección

Dulce o truco

NOMBRE: _____ **FECHA:** _____

Instrucciones: ¿Cuántos sinónimos se te ocurren para cada una de las siguientes palabras?

caramelo: _____

fiesta: _____

noche: _____

aterrador: _____

divertido: _____

frío: _____

¡Hora de mejorar!

Repasa el párrafo que escribiste sobre la tradición de dulce o truco en la página 50. Encierra las palabras que hayas repetido. ¿Puedes usar sinónimos para alguna de estas palabras a fin de evitar la repetición? ¿Hay palabras adicionales que podrías reemplazar con sinónimos para que tus escritos sean más interesantes? Corrige estas palabras para que el párrafo sea más atractivo.

¡Recuerda!

Cuando escribes sobre un tema específico, es posible que te encuentres usando las mismas palabras de manera repetida. En ese momento es cuando los sinónimos resultan útiles. Los sinónimos seleccionados cuidadosamente pueden darle fuerza a tus escritos.

Ejemplo: Después de que el muchacho gritó "Dulce o truco" y recibió los caramelos, ~~gritó~~ chilló de alegría.

NOMBRE: _____ **FECHA:** _____

Instrucciones: ¿Te gusta la tradición de "dulce o truco"? ¿Cuál es tu opinión sobre esta tradición de *Halloween*? Escribe un párrafo de opinión en el que presentes los argumentos para conservar la tradición o comenzar una nueva.

_____

_____

_____

_____

_____

_____

_____

_____

_____

_____

_____

_____

_____

_____

_____

_____

NOMBRE: _____ **FECHA:** _____

Instrucciones: ¿Cuáles de los enunciados a continuación se relacionan con el proceso de la campaña electoral? Coloca marcas de verificación junto a los enunciados que incluirías en un párrafo informativo/explicativo sobre las campañas políticas.

_____ Un candidato debe convencer a los votantes de que es la mejor persona para el trabajo.

_____ La Gran Carrera Espacial fue entre la Unión Soviética y los Estados Unidos.

_____ Hay dos partidos políticos principales: el Partido Demócrata y el Partido Republicano.

_____ Los candidatos participan en debates para analizar asuntos importantes.

_____ La Guerra Civil comenzó en 1861 cuando Abraham Lincoln era presidente.

_____ Los candidatos usan insignias y eslóganes para que las personas recuerden sus nombres.

_____ Cada cuatro años, el día de las elecciones, las personas votan por el siguiente presidente de los Estados Unidos.

_____ Los candidatos viajan por todo el país para dar discursos.

_____ El avión del presidente se llama *Fuerza Aérea Uno*.

_____ Las Convenciones Nacionales son una parte importante del proceso electoral.

_____ Los impuestos se deben pagar todos los años antes del 15 de abril.

_____ Es importante usar los combustibles fósiles con moderación.

_____ Washington D. C. es la capital de nuestra nación.

NOMBRE: _____ **FECHA:** _____

Instrucciones: Lee el párrafo sobre la campaña electoral. Tacha con una línea las oraciones que no se relacionan con el tema. Luego, usa los márgenes para escribir por qué crees que no deberían incluirse.

¿Cómo haces que las personas voten por ti? ¡Haces campaña! Hacer campaña es un trabajo difícil. La tarea escolar es un trabajo difícil también. Creo que la de Matemática es la más difícil, pero imagino que no es tan difícil como hacer campaña. El objetivo de una campaña es transmitir el mensaje de un candidato a los votantes. El candidato debe convencer a los votantes de que es la mejor persona para el trabajo. Durante la campaña, los candidatos viajan por todo el país. Conversan con los votantes, dan discursos y conceden entrevistas a los periodistas. Crean sitios web, ¡y hasta envían mensajes a través de medios sociales! Me encanta Internet. Es sensacional ver lo que las estrellas del deporte y el cine dicen allí. Los candidatos también participan en debates. Presentan los argumentos de sus puntos de vista ante los opositores, y estos debates se muestran por televisión. Me gustan los televisores de pantalla plana. Creo que son fantásticos. También me gustan los televisores de 3D. Los candidatos también hacen publicidades televisivas. Algunas publicidades cuentan y muestran lo que el candidato representa y cree. Esto se conoce como el programa electoral del candidato. Otras publicidades expresan en qué falla el opositor del candidato. ¡Hay eslóganes, carteles e insignias! El equipo de campaña de un candidato trabaja arduamente para crear estos elementos. El equipo está formado por muchos voluntarios. Hay personas que ayudan de manera gratuita porque creen en su candidato. Si la campaña tiene éxito, ¡entonces ese candidato puede ganar las elecciones!

Práctica para escribir en cursiva *abc*

Instrucciones: Usa letra cursiva para explicar por qué las personas deben votar.

_____

_____

NOMBRE: _____ **FECHA:** _____

Instrucciones: Lee el párrafo. Luego, explica qué información podría agregarse para que sea un párrafo sólido más informativo en los renglones a continuación. Sé específico.

Si quieres ser el próximo presidente de los Estados Unidos, debes dar inicio a la campaña electoral. La mayoría de los candidatos que se postulan para ser presidentes pertenecen a un partido político. Hay dos partidos principales. Al comienzo de cada elección, hay muchos candidatos de cada partido. Cuando llegue el día de las elecciones, solo habrá un candidato en representación de cada partido. Primero, hay una elección primaria. Sin embargo, la campaña real comienza después de la elección primaria. Es entonces cuando los candidatos comienzan a viajar. Durante la campaña electoral, los candidatos organizan eventos para recaudar fondos. Las campañas cuestan mucho dinero. Los activistas de grupos de presión invierten dinero en las campañas. El dinero ayuda a que los candidatos viajen por todo el país. También los ayuda con otras cosas. La campaña finaliza en noviembre, el día de las elecciones. Ese día, las personas eligen al siguiente presidente.

_____

_____

_____

_____

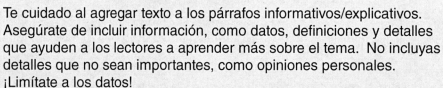

¡Refuerza tu aprendizaje!

Te cuidado al agregar texto a los párrafos informativos/explicativos. Asegúrate de incluir información, como datos, definiciones y detalles que ayuden a los lectores a aprender más sobre el tema. No incluyas detalles que no sean importantes, como opiniones personales. ¡Limítate a los datos!

Ejemplos

Los eslóganes de campaña son pegadizos, por ejemplo, "¡Con Ike, es posible!". (*correcto*)

Los eslóganes de campaña son pegadizos, pero a mí no me gustan. (*incorrecto*)

NOMBRE: _____ **FECHA:** _____

Instrucciones: Lee las oraciones. Cada oración tiene un error de uso de mayúsculas. Usa el símbolo ≡ o el símbolo / para corregir los errores. Luego, encuentra la regla a continuación que mejor explique la necesidad de usar mayúsculas en una palabra o cuándo no se deben usar y escribe el número de la regla en la línea.

1. El Congreso debe seguir las reglas de la constitución de los Estados Unidos. **Regla:** _____

2. El monumento a Lincoln se encuentra en Washington D.C.
   Regla: _____

3. El presidente Andrew Jackson también fue conocido como "viejo nogal".
   Regla: _____

4. ¿Sabías que el Presidente Franklin Roosevelt ganó cuatro elecciones presidenciales consecutivas? **Regla:** _____

5. Barack Obama fue el primer Afroestadounidense en convertirse en presidente de los Estados Unidos. **Regla:** _____

Reglas del uso de mayúsculas

Siempre debes usar mayúscula inicial en los sustantivos propios. Aquí hay algunas reglas:

Regla 1: Usa mayúscula inicial para los sobrenombres o apodos.

Regla 2: Los sustantivos que nombran títulos y cargos no se escriben con mayúscula inicial, por ejemplo: El senador visitó California.

Regla 3: Las razas y nacionalidades no se escriben con mayúscula.

Regla 4: Usa mayúscula inicial para maravillas naturales o monumentos construidos por el hombre.

Regla 5: Usa mayúscula inicial para entidades y documentos del gobierno.

NOMBRE: _____ FECHA: _____

Instrucciones: Lee el párrafo. Piensa en lo que has aprendido esta semana. En los márgenes, enumera al menos tres cosas que harías para mejorar este párrafo.

Una parte fundamental de cualquier campaña es el debate. Un debate es una discusión que da a los candidatos la oportunidad para expresar sus ideas sobre diferentes asuntos. Los debates se hacen de la siguiente manera: Un moderador le hace una pregunta a un candidato sobre un asunto. Luego, uno de los candidatos tiene algunos minutos para responder. Cuando se acaba el tiempo del candidato, es el turno del otro. Los dos candidatos se turnan para discutir por qué están a favor o en contra de determinados asuntos. Los candidatos deben tener amplio conocimiento sobre los acontecimientos actuales. Creo que los candidatos deben saber mucho sobre deportes también. El béisbol es un deporte divertido y un pasatiempo común en los Estados Unidos. Deben tener una buena comprensión de la historia de los estados unidos. Quizás deban tomar un examen de historia para demostrar cuánto saben. Creo que sería una buena idea. Los buenos argumentadores no solo saben qué decir, sino también cómo decirlo. Creo que deberían decir en voz alta lo que representan, pero otras personas no piensan lo mismo. Los debates te ayudan a aprender más sobre un candidato para que puedas estar bien informado a la hora de votar por el siguiente presidente.

Esta semana, aprendí lo siguiente:

- a mantenerme concentrado en un tema en particular
- a incluir detalles que sean datos y no opiniones
- a verificar cuidadosamente que no haya errores de uso de mayúsculas

NOMBRE: _____ **FECHA:** _____

Preescritura

Votación

Instrucciones: Lee las notas sobre las votaciones en los Estados Unidos. Luego, completa el organizador gráfico únicamente con los enunciados que respaldan el tema principal.

- Una persona debe tener una cierta edad para votar.

- Debes completar la papeleta cuidadosamente.

- Debes analizar a los candidatos y sus programas electorales.

- La Decimonovena Enmienda les dio a las mujeres el derecho a votar.

- Dirígete a tu centro de votación y regístrate.

- Debes estar registrado para votar antes de que puedas votar en una elección.

- Emite tu voto introduciendo la papeleta en una urna electoral o apretando un botón en una máquina.

- Los estadounidenses votan por un nuevo presidente cada cuatro años.

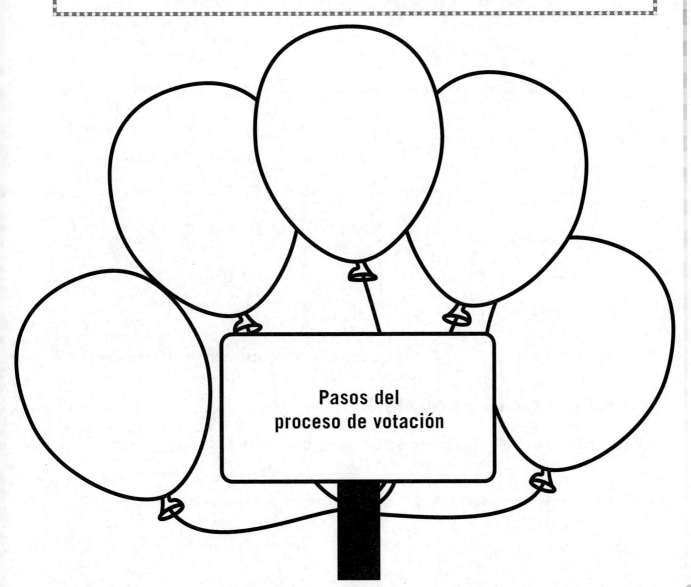

Pasos del
proceso de votación

Borrador

Votación

NOMBRE: _____ **FECHA:** _____

Instrucciones: Piensa en el proceso de votación. Redacta el borrador de un párrafo informativo/explicativo sobre los pasos del proceso de votación. Incluye datos sobre quiénes pueden votar y cómo lo hacen. Usa el organizador gráfico de la página 59 como ayuda para redactar el borrador de tu párrafo.

_____

_____

_____

_____

_____

_____

_____

_____

_____

_____

_____

_____

_____

¡Recuerda!

Un párrafo informativo/explicativo sólido incluye lo siguiente:

• se mantiene en el tema

• no incluye opiniones personales

• incluye datos, detalles y definiciones

Práctica para escribir en cursiva *abc*

Instrucciones: Usa letra cursiva para describir tu candidato a presidente ideal.

_____

_____

NOMBRE: _____ **FECHA:** _____

Instrucciones: Lee los enunciados a continuación. Modifícalos para crear un enunciado conciso y verdadero que podría usarse en un párrafo informativo/explicativo sobre la votación.

1. Estoy convencido de que una persona debe tener, al menos, 18 años para votar en los Estados Unidos.

_____

_____

_____

2. Estaba aturdido y emocionado la primera vez que voté, y sentí ansiedad por dejar mi papeleta en la urna electoral.

_____

_____

_____

3. Creo que debería existir una ley que obligue a los ciudadanos estadounidenses mayores de 18 años a votar en cada elección.

_____

_____

_____

4. Nadie analiza a los candidatos antes de las elecciones. Todos simplemente suponen quién será el mejor presidente.

_____

_____

_____

¡Hora de mejorar!

Vuelve a leer tu párrafo de la página 60. Busca lugares donde podrías agregar más datos y detalles. Intenta usar las oraciones que modificaste anteriormente para expandir tu párrafo.

¡Recuerda!

Las citas, las definiciones y los ejemplos específicos hacen que los párrafos informativos/explicativos sean más sólidos.

Corrección · Votación

NOMBRE: _____ **FECHA:** _____

Instrucciones: Posiblemente notes que no hay mayúsculas en estas oraciones. Usa el símbolo ☰ para corregir los errores de uso de mayúsculas.

1. todas las personas mayores de 18 años que sean ciudadanos estadounidenses tienen el derecho a votar. eso es lo que expresa la constitución de los estados unidos. sin embargo, año tras año, son muchas las personas que no votan, ¡ni siquiera para elegir al presidente!

2. ¿sabías que teddy roosevelt recibió un disparo durante la campaña electoral? Estaba dando su discurso cuando alguien le disparó en el pecho. no interrumpió su discurso, pero tampoco ganó las elecciones. no tuvo suficientes votos.

3. muchas personas creen que hillary clinton fue la primera mujer que se postuló para ser presidente de los estados unidos, pero esto no es cierto. la primera mujer que lo hizo fue victoria woodhull. intentó convertirse en presidente antes de que se aprobara la decimonovena enmienda. ¡eso significa que las mujeres ni siquiera podían votar cuando woodhull se postuló como presidente!

¡Recuerda!

Los sustantivos que nombran títulos y cargos no se escriben con mayúscula inicial, por ejemplo: El senador visitó California.

Ejemplos

Jackie Kennedy era la esposa del Presidente John F. Kennedy.

El Presidente vive en la Casa Blanca en Pennsylvania Ave.

Abraham Lincoln, el decimosexto Presidente de los Estados Unidos, ganó dos elecciones presidenciales.

NOMBRE: _____ **FECHA:** _____

Instrucciones: Piensa en el proceso de votación. Escribe el borrador de un párrafo informativo/explicativo sobre los pasos del proceso de votación. Incluye datos sobre quiénes pueden votar y cómo lo hacen.

_____

_____

_____

_____

_____

_____

_____

_____

_____

_____

_____

_____

_____

_____

_____

_____

NOMBRE: _____ **FECHA:** _____

Instrucciones: Mira la imagen. Escribe palabras sensoriales del banco de palabras para describir lo que una persona podría sentir en ese momento.

Banco de palabras

reluciente	brillante	colorido	radiante	mordaz	confuso
trémulo	desgarrador	crujiente	silbilante	divertido	susurrante
resplandeciente	golpe	apacible	frío	áspero	sordo
refrescante	resbaladizo	sudoroso	rasposo	duro	mohoso
centellear	urticante	salado	polvoriento	crujiente	arenoso

NOMBRE: _____ **FECHA:** _____

Instrucciones: Lee el párrafo. Encierra todas las palabras o frases sensoriales.

Cuando miro hacia arriba, veo la escabrosa y puntiaguda montaña frente a mí, y siento remolinos en el estómago con nudos de dolor. Decir que sentía preocupación por el campamento en el acantilado no sería suficiente. No soy amante de las alturas y no puedo creer haber aceptado participar en esta actividad extrema. Esta experiencia está muy lejos de ser una noche en un hotel lujoso. Los sonidos "clic, chas, clac" llenan mis oídos a medida que el guía me sujeta el pesado equipo de seguridad en el cuerpo. Se me aflojan las nerviosas rodillas bajo el peso del equipo. Comenzamos a escalar. Las rocas se sienten duras y ásperas bajo mis temblorosas manos. El sudor que escurre por mis dedos se mezcla con el polvo y crea una pasta lodosa que se me pega debajo de las uñas. A mitad del escabroso terreno vertical, comencé a sentir dolor en los músculos. El viento ensordecedor me azotaba la cara. Lo único que puedo escuchar son los latidos del corazón que golpean furiosamente. Puedo saborear diminutas partículas de tierra en la boca. Se siente crujiente y rasposo, ¡aj! Una combinación de miedo y concentración evitan que mire hacia abajo. Las horas pasan lentamente. Tengo la cara adormecida por el aire frío y me siento exhausto. Me detengo y pienso que no hay manera de que pueda dar un paso más hacia arriba en el interminable acantilado.

Práctica para escribir en cursiva *abc*

Instrucciones: ¿Cuál es la actividad extrema más emocionante en la que has participado? Usa letra cursiva para escribir una oración sobre ella. Incluye al menos un detalle sensorial.

_____

_____

Revisión

Campamentos en acantilados

NOMBRE: _____ **FECHA:** _____

Instrucciones: Para usar frases idiomáticas correctamente, debes comprender su significado completo. Une con una línea las frases idiomáticas que se encuentran a la izquierda con su significado correcto en la columna de la derecha.

en menos de lo que canta un gallo	resolver simultáneamente dos problemas con una acción
matar dos pájaros de un tiro	ocurre con poca frecuencia
no hay mal que por bien no venga	contribuir a que aumente el enojo de alguien o se agrave un problema
poner palos en la rueda	de inmediato
no poner el burro detrás de la carreta	el problema final de una serie de problemas
cada muerte de obispo	no hacer las cosas de modo ilógico
la gota que derramó el vaso	obstaculizar los planes para realizar algo
echar leña al fuego	ser optimista

¡Refuerza tu aprendizaje!

Las **frases idiomáticas** son expresiones que no se pueden entender a partir de sus palabras aisladas, sino en conjunto. Una frase corta puede crear una imagen o un concepto completos que le aportarán sabor a tu escrito.

NOMBRE: _____ **FECHA:** _____

Instrucciones: Encierra el tiempo verbal correcto para completar las oraciones.

1. El guía habló serenamente mientras me (ajusta **o** ajustó) el equipo de seguridad.

2. No escuché nada porque el hombre (grita **o** gritó) desaforadamente.

3. Comienzo a temblar mientras (trepo **o** trepaba) al catre en movimiento.

4. El guía nos asegura que esta (será **o** fue) una aventura divertida.

5. El año que viene, (elegiré **o** elijo) ir a Hawái.

Instrucciones: Rotula cada verbo como pasado, presente o futuro.

6. respiro _____

7. escribiré _____

8. salté _____

9. grita _____

10. sobreviví _____

Corrección

Campamentos en acantilados

¡Refuerza tu aprendizaje!

El **tiempo verbal** indica cuándo ocurrió la acción que se describe. Puede estar en pasado, presente o futuro. Los tiempos verbales deberían permanecer constantes en un fragmento escrito, pero hay algunas excepciones. Necesitarás cambiar los tiempos verbales si estás refiriéndote a acontecimientos que ocurrieron en diferentes momentos.

Ejemplo: Ayer, **escalamos** el acantilado, pero hoy **descenderemos** por el acantilado.

NOMBRE: _____ **FECHA:** _____

Instrucciones: Lee el párrafo. Piensa en lo que has aprendido esta semana. Escribe al menos dos sugerencias para mejorar este párrafo.

Me duele el cuerpo, y no puedo mover ni un músculo. Escucho las palabras "¡Llegamos!". La voz del guía está llena de energía y emoción. Esperé pacientemente con el rostro contra la roca. El guía instala mi catre de nailon. Cuidadosamente, trepo al trozo de tela movedizo pero robusto. Ahí es donde dormí esa noche. Mientras miro el paisaje, me maravillo de lo que veo. Hay estrellas por doquier. Es increíble. Es muy hermoso. Sopla una poderosa ráfaga de viento y movió violentamente el catre. Roza contra la roca y desprende fragmentos de sedimento que cayeron por el acantilado. Tengo el presentimiento de que no dormiré mucho esta noche.

- _____
  _____

- _____
  _____

Esta semana, aprendí lo siguiente:

- a incluir detalles sensoriales para crear una imagen
- a agregarle vigor a un párrafo con una frase idiomática bien ubicada
- a mantener coherencia en los tiempos verbales

126830—180 Days of Writing—Spanish

NOMBRE: _____ **FECHA:** _____

Instrucciones: Imagina que estás haciendo paracaidismo. Acabas de saltar del avión y estás surcando la altura del cielo. Completa el organizador gráfico a continuación con observaciones específicas para cada uno de los cinco sentidos.

SENTIDOS	DESCRIPCIÓN DETALLADA
	Veo...
	Oigo...
	Saboreo...
	Huelo...
	Siento...

Borrador
Paracaidismo

NOMBRE: _____ **FECHA:** _____

Instrucciones: Imagina que estás haciendo paracaidismo por primera vez. Describe tu experiencia de paracaidismo. Incluye detalles sobre dónde te lanzaste, quién estaba contigo y cómo te sentiste mientras salías del avión. Usa el organizador gráfico de la página 69 como ayuda para redactar el borrador de tu párrafo narrativo.

_____

_____

_____

_____

_____

_____

_____

_____

_____

_____

_____

_____

_____

_____

> **¡Recuerda!**
>
> Querrás que el lector imagine que está ahí contigo saltando del avión. Incluye muchos detalles sensoriales sólidos para crear una imagen eficaz con tus palabras. Es posible que nunca antes hayas saltado de un avión, pero puedes inspirarte en otras experiencias pasadas como ayuda. ¿Has estado nervioso alguna vez? ¿Alguna vez has estado atrapado en una tormenta de viento?

Práctica para escribir en cursiva *abc*

Instrucciones: Usa letra cursiva para escribir un título para tu párrafo sobre el paracaidismo.

_____

NOMBRE: _____ FECHA: _____

Instrucciones: La clave para usar correctamente las frases idiomáticas es comprender su significado. Lee las frases idiomáticas. Luego, haz un dibujo que explique lo que significa cada frase idiomática.

una imagen vale más que mil palabras

cuesta un ojo de la cara

me lo contó un pajarito

se me pasó el tren

¡Hora de mejorar!

Repasa el párrafo que escribiste sobre el paracaidismo en la página 70. ¿Hay algún espacio en el que puedas agregar una frase idiomática para añadirle sabor a tu escrito o, tal vez, un toque de humor?

NOMBRE: _____ FECHA: _____

Corrección Paracaidismo

Instrucciones: Lee el párrafo. Encierra los cambios incorrectos en los tiempos verbales.

Caigo de lleno en el suelo como una tonelada de ladrillos. El aire sale de mis pulmones y me recosté sobre la espalda. El colorido paracaídas cayó elegantemente alrededor de mi cuerpo dolorido. Recuperé el aliento mientras mis ojos se concentran lentamente en el avión a lo lejos en lo alto del cielo. Intento incorporarme, ¡pero estoy atrapado! Estoy enredado en un laberinto de cuerdas del paracaídas. Me moví y giro durante unos segundos, pero ya no me queda energía. Me doy por vencido y dejo que mis músculos se relajen. Siento que la humedad del suelo comienza a mojar mi traje de salto. El césped comenzó a provocar comezón en los dedos al mismo tiempo que un estornudo comienza a tomar forma en mi congestionada nariz. Miro hacia el resplandeciente cielo azul. Finalmente, me doy cuenta de lo que acabo de hacer. ¡Salto de un avión!

¡Hora de mejorar!

Repasa el párrafo que escribiste en la página 70. ¿Todos tus verbos están en el tiempo correcto? Corrige tu texto en consecuencia.

¡Recuerda!

Usa el símbolo ℒ para eliminar una palabra.

Usa el símbolo ∧ para introducir la nueva palabra correcta.

NOMBRE: _____ **FECHA:** _____

Instrucciones: Imagina que estás haciendo paracaidismo por primera vez. Describe tu experiencia de paracaidismo. Incluye detalles sobre dónde te lanzaste, quién estaba contigo y cómo te sentiste mientras salías del avión.

_____

_____

_____

_____

_____

_____

_____

_____

_____

_____

_____

_____

_____

_____

_____

NOMBRE: _____ **FECHA:** _____

Instrucciones: Piensa en los textos narrativos. Coloca la información en los lugares correspondientes del organizador gráfico. **Nota:** Los acontecimientos no tienen que estar en un orden específico.

Serena recorre el Laboratorio de Propulsión a Reacción con su maestra.

Serena visita la sala de control del explorador *Curiosity*.

Serena

Laboratorio de Propulsión a Reacción (JPL) en California

Serena es testigo de un nuevo descubrimiento sobre Marte y comienza a sentir mucho interés por el espacio.

Serena aprende sobre Marte y *Curiosity*.

Maestra Tan

Sr. Manning

Maestra Jemison

Serena no siente interés por el espacio, pero tiene que escribir un artículo periodístico sobre el explorador de Marte *Curiosity*.

PERSONAJES	ACONTECIMIENTO 1
ESCENARIO	ACONTECIMIENTO 2
PROBLEMA	ACONTECIMIENTO 3
SOLUCIÓN	

NOMBRE: _____ FECHA: _____

Instrucciones: Lee la historia. Subraya todos las instancias en las que el autor usa la palabra *dijo*. Encierra las instancias en las que, para ti, el autor olvidó incluir rayas de diálogo.

—¡Te va a encantar este lugar, Serena! —dijo la maestra Jemison, patrocinadora del periódico escolar.

No estoy segura, maestra J. El espacio me aburre —dijo la estudiante de quinto grado. Las dos se encontraban frente a un gran cartel negro. A la izquierda del cartel, había tres letras rojas: JPL. Un logotipo azul de la NASA decoraba el lado derecho. Una mujer joven se acercó y se presentó.

—Hola, yo soy la Sra. Tan. Soy ingeniera del equipo *Curiosity*. Seré su guía hoy.

—Sra. Tan, ¿qué significa JPL? —preguntó Serena con su bolígrafo preparado para anotar la respuesta en su cuaderno. No estaba loca de contenta con esta tarea, pero estaba decidida a escribir un artículo grandioso para el periódico escolar.

—Significa *Jet Propulsion Laboratory*, que en español significa Laboratorio de Propulsión a Reacción. Por favor, síganme y podremos comenzar nuestro recorrido.

Mientras caminaban por el edificio, la Sra. Tan explicó que *Curiosity* es un explorador que se encuentra en Marte actualmente. Describió los años de arduo trabajo y planificación que tomó el desarrollo de *Curiosity*.

Esta es nuestra sala de control de *Curiosity* —dijo la Sra. Tan.

—¡Llegaron justo a tiempo! —dijo el Sr. Manning, el ingeniero principal—. Acabamos de hacer un *enorme* descubrimiento. ¡Descubrimos que el planeta rojo es en realidad azul!

—¿A qué se refiere? —le preguntó Serena al Sr. Manning.

Bueno, *Curiosity* taladró un agujero en la superficie de Marte. Estudió la muestra de suelo en su laboratorio integrado y nos envió los resultados. ¡El suelo es azul! —dijo el Sr. Manning.

¡Entonces Marte es un planeta azul cubierto de polvo rojo! Qué grandioso es eso, ¿verdad? —comentó la Sra. Tan.

Serena observaba radiante.

—¡Es sensacional! Entonces, Sra. Tan, ¿cuáles son los requisitos para ser ingeniero?

De repente, Serena comenzó a sentir mucho interés por el espacio.

Práctica para escribir en cursiva *abc*

Instrucciones: Si construyeras un explorador para enviar a un planeta lejano, ¿qué nombre le pondrías? Usa letra cursiva para escribir el nombre.

_____

NOMBRE: _____ FECHA: _____

Instrucciones: Usa los sinónimos del banco de palabras para reemplazar las instancias de *dijo* en las siguientes oraciones.

Banco de palabras

susurró   refunfuñó   chistó   rio nerviosamente

1. En el cine, el estudiante _____:
   —Esta película sobre Marte es fascinante.

2. —La descarga de estos datos se está demorando mucho —_____ el gerente de proyectos.

3. —Detesto esta computadora —_____ el técnico.

4. —¿Cuál es el colmo de un astronauta? Que una estrella no le quiera firmar un autógrafo —_____ el astronauta.

Instrucciones: Completa el recuadro con la mayor cantidad de sinónimos para *dijo* que se te ocurran.

```
SINÓNIMOS
```

¡Refuerza tu aprendizaje! 🚀

Los **diálogos** pueden agregar detalles al escrito narrativo. Sin embargo, cuando se incluye diálogo en una narración, es muy fácil depender siempre de la palabra *dijo*. Lo sinónimos pueden aportarle vigor a tus escritos y mejorar tus pasajes de diálogos. Pueden explicar *de qué manera* un personaje dijo algo.

Ejemplos: ¿Cuál es más descriptivo? —No quiero ir a Marte —*dijo* el niño. O —No quiero ir a Marte —*lloriqueó* el niño.

NOMBRE: _____ **FECHA:** _____

Instrucciones: Las rayas de diálogo se colocan para introducir las palabras que dice una persona y el comentario del narrador. Corrige las oraciones a continuación agregando rayas de diálogo.

1. *Curiosity* cuenta con una lente de aumento integrada de alta potencia explicó el ingeniero.

2. Pregunté:
¿El explorador funciona con baterías?

3. El comandante gritó:
¡El explorador ha aterrizado en Marte!

4. ¿Enviarán más exploradores al planeta? pregunté.

Instrucciones: Un aspecto importante de usar rayas de diálogo correctamente es incluir dos puntos. Los dos puntos se usan para introducir lo que dice una persona. Introduce los dos puntos que faltan a continuación.

5. Le pregunté al ingeniero
—¿Cuál era tu materia preferida en la escuela?

6. El chico se quejó
—No quiero salir del museo del espacio.

7. El astronauta dijo por la radio
—Houston, tenemos un problema.

¡Refuerza tu aprendizaje!

¡No olvides usar mayúsculas! Empieza cada intervención con mayúsculas.

Ejemplos
El científico proclamó:
—el espacio es infinito. No acaba nunca. (*incorrecto*)

El científico proclamó:
—El espacio es infinito. No acaba nunca. (*correcto*)

Publicación

El explorador de Marte

NOMBRE: _____ **FECHA:** _____

Instrucciones: Vuelve a leer el texto. Piensa en cómo puedes mejorarlo con base en lo que has aprendido esta semana. Completa los espacios en blanco con sinónimos de *dijo*.

—¡Te va a encantar este lugar, Serena! —_____ la maestra Jemison, patrocinadora del periódico escolar.

—No estoy segura, maestra J. El espacio me aburre —_____ la estudiante de quinto grado. Las dos se encontraban frente a un gran cartel negro. A la izquierda del cartel, había tres letras rojas: JPL. Un logotipo azul de la NASA decoraba el lado derecho. Una mujer joven se acercó y se presentó.

—Hola, yo soy la Sra. Tan. Soy ingeniera del equipo *Curiosity*. Seré su guía hoy.

—Sra. Tan, ¿qué significa JPL? —preguntó Serena con su bolígrafo preparado para anotar la respuesta en su cuaderno. No estaba loca de contenta con esta tarea, pero estaba decidida a escribir un artículo grandioso para el periódico escolar.

—Significa Jet Propulsion Laboratory, que en español significa Laboratorio de Propulsión a Reacción. Por favor, síganme y podremos comenzar nuestro recorrido.

Mientras caminaban por el edificio, la Sra. Tan explicó que *Curiosity* es un explorador que se encuentra en Marte actualmente. Describió los años de arduo trabajo y planificación que tomó el desarrollo de *Curiosity*.

Esta es nuestra sala de control de *Curiosity* —_____ la Sra. Tan.

—¡Llegaron justo a tiempo! —_____ el Sr. Manning, el ingeniero principal—. ¡Acabamos de hacer un *enorme* descubrimiento! ¡Descubrimos que el planeta rojo es en realidad azul!

—¿A qué se refiere? —le preguntó Serena al Sr. Manning.

—Bueno, *Curiosity* taladró un agujero en la superficie de Marte. Estudió la muestra de suelo en su laboratorio integrado y nos envió los resultados. ¡El suelo es azul! —_____ el Sr. Manning.

¡Entonces Marte es un planeta azul cubierto de polvo rojo! Qué grandioso es eso, ¿verdad? —comentó la Sra. Tan.

Serena observaba radiante.

—¡Es sensacional! Entonces, Sra. Tan, ¿cuáles son los requisitos para ser ingeniero?

De repente, Serena comenzó a sentir mucho interés por el espacio.

Esta semana, aprendí lo siguiente:

- cómo escribir diálogos en un texto narrativo
- sinónimos de la palabra *dijo*
- las reglas de puntuación para los diálogos

NOMBRE: _____ FECHA: _____

Instrucciones: Lee los datos sobre la nave espacial *Orion*. Luego, piensa en una historia narrativa breve que podrías escribir sobre *Orion*. Completa el organizador gráfico con tus ideas.

La nave espacial *Orion*

- fue diseñada para que los astronautas viajen al espacio con el fin de estudiar los asteroides y el planeta Marte

- tiene capacidad para hasta cuatro tripulantes

- es más potente que cualquier otro cohete construido por la NASA

- se encuentra en la etapa de prueba de su desarrollo

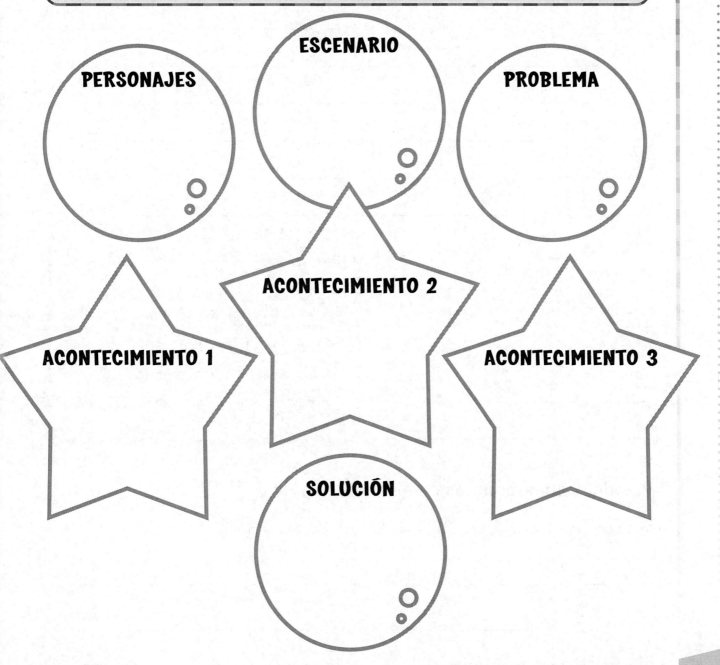

PERSONAJES

ESCENARIO

PROBLEMA

ACONTECIMIENTO 2

ACONTECIMIENTO 1

ACONTECIMIENTO 3

SOLUCIÓN

NOMBRE: _____ FECHA: _____

Instrucciones: Imagina que estás viajando a bordo de *Orion*. Redacta el borrador de un párrafo narrativo sobre cómo es la nave espacial. Incluye detalles sobre quiénes te acompañan y qué ocurre durante el viaje. Usa el organizador gráfico de la página 79 como ayuda para redactar el borrador de tu párrafo narrativo.

_____
_____
_____
_____
_____
_____
_____
_____
_____
_____
_____
_____

¡Recuerda!

Para redactar el borrador de un párrafo narrativo sólido, recuerda hacer lo siguiente:

- describir el escenario
- incluir un problema o conflicto
- explicar cómo se resolvió el problema o conflicto

Práctica para escribir en cursiva *abc*

Instrucciones: Usa letra cursiva para escribir un título para tu historia.

_____
_____

NOMBRE: _____ **FECHA:** _____

Instrucciones: Lee el diálogo a continuación. La palabra *dijo* se ha usado en exceso. Mejora el texto mediante el uso de sinónimos cada vez que aparece la palabra *dijo* enumerada. El primero se ha hecho como ejemplo.

La puerta de carga de *Orion* se abrió lentamente. Un vehículo espacial descendió por la rampa hacia la superficie de Marte. El polvo rojo se dispersó por todos lados.

—Mirta, estoy recorriendo la superficie a la velocidad superalta de 5 millas por hora —dijo **(1)** Archie.

—¡Sí, Archie! Te oigo perfectamente —dijo **(2)** Mirta.

—¡Mirta, vi algo que se movía delante de mí! —dijo **(3)** Archie.

—¿A qué te refieres con que viste algo que se movía? Será mejor que no estés bromeando —dijo **(4)** Mirta.

Archie no estaba bromeando. Una pequeña criatura verde había aparecido delante de su parabrisas. Miraba fijamente a Archie.

—Mirta, ¿puedes ver lo que yo veo? —preguntó Archie nervioso. Justo entonces, la criatura desapareció.

—No veo nada, Archie —respondió Mirta—. ¿Te encuentras bien, Archie?

—Yo. . . Yo. . . Yo. . . creo que acabo de ver a un extraterrestre —dijo **(5)** Archie.

—¡Un extraterrestre! —dijo **(6)** Mirta. En ese preciso instante, la misma criatura apareció frente a la ventana por la que Mirta observaba hacia afuera—. ¡Aaaaah! —dijo **(7)** Mirta.

—¡Mirta, ¿qué ocurre? —preguntó Archie con voz preocupada.

—El extraterrestre que acabas de ver ahora me mira fijamente a mí —dijo **(8)** Mirta—. ¿Qué debo hacer, Archie?

—Volveré ahora mismo. Llegaré allí pronto —respondió Archie.

1. _____rio_____
2. _____
3. _____
4. _____
5. _____
6. _____
7. _____
8. _____

NOMBRE: _____ **FECHA:** _____

Instrucciones: Estos dos astronautas están inmersos en una conversación. Corrige las oraciones e incluye puntuación y mayúsculas correctamente.

1. Sally, ¡falta poco para llegar! Ven rápido a ver gritó Marco.

2. Sally chilló
   es tan emocionante. Solo 264 días más tarde, ¡y allí está!

3. Es increíble todo el polvo que estamos removiendo declaró Marco.

4. El equipo de aterrizaje está preparado, ¿verdad? preguntó Sally un poco preocupada.

5. Marco verificó la pantalla y respondió
   Sí, estamos listos para el aterrizaje.

6. ¡Oh, no! ¿Qué es ese sonido? lloriqueó Sally.

7. Marco gritó
   ¡es una alarma! Hay un cráter en nuestra zona de aterrizaje.

8. ¡No entres en pánico! Sé cómo solucionar esto afirmó Sally serenamente.

9. ¡Lo lograste! ¡La alarma se detuvo! ¡Buen trabajo, Sally! festejó Marco.

10. Sally proclamó con orgullo
    No, ¡ambos lo logramos! ¡Acabamos de aterrizar en Marte!

¡Hora de mejorar!

Repasa tu historia narrativa sobre la nave espacial *Orion* de la página 80. Revisa detenidamente el diálogo. ¿Todos los signos de puntuación están usados correctamente? ¿Incluiste dos puntos en los espacios correctos? Corrige tu texto para que sea gramaticalmente correcto.

¡Recuerda!

- Para introducir una raya de diálogo usa —
- Para introducir dos puntos usa Λ
- Para introducir una letra mayúscula usa ≡

NOMBRE: _____ **FECHA:** _____

Instrucciones: Imagina que estás viajando a bordo de *Orion*. Escribe un párrafo narrativo sobre cómo es la nave espacial. Incluye detalles sobre quiénes te acompañan y qué ocurre durante el viaje.

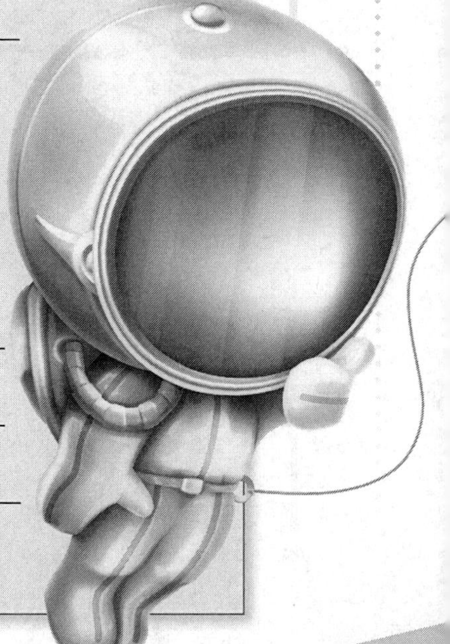

_____

_____

_____

_____

_____

_____

_____

_____

_____

_____

_____

_____

_____

_____

NOMBRE: _____ **FECHA:** _____

Preescritura

La Atlántida

Instrucciones: Cuenta la leyenda que la Atlántida fue una civilización antigua del océano Atlántico. Estaba compuesta de islas que eran círculos dentro de círculos. Un día, la Atlántida desapareció. Lee las citas en los círculos. ¿Qué oración sería la mejor para incluir en un párrafo informativo/explicativo sobre cómo desapareció la Atlántida? Coloca una marca de verificación junto a esa oración.

"Platón contó la historia de la Atlántida cerca del año 360 a. C."

Willie Drye,
La Atlántida: ¿historia verdadera o relato aleccionador?

"El interés de la modernidad por la Atlántida comenzó en el siglo XIX".

Holly Wallace,
El misterio de la Atlántida

La Atlántida

"... hubo violentos terremotos e inundaciones, y de la noche a la mañana... la isla de la Atlántida quedó sumergida en el mar y desapareció...".

Platón, *Timeo*

"... la gran civilización perdida tenía un avance tecnológico increíble".

John Hawkins,
La Atlántida y otros mundos perdidos

126830—180 Days of Writing—Spanish

NOMBRE: _____ **FECHA:** _____

Instrucciones: Lee el párrafo. ¿Hay lugares donde el autor podría haber incluido una o más citas a continuación para que el párrafo fuera más sólido? Dibuja una marca de adición y el número de la cita en los márgenes donde crees que podría agregarse.

¿Cómo puede desaparecer toda una civilización de la noche a la mañana? De acuerdo con la leyenda, eso es lo que le ocurrió a la Atlántida. El filósofo griego, Platón, escribió sobre la Atlántida en sus dos obras llamadas *Timeo* y *Critias*. Platón describió la Atlántida como un imperio de islas. Era muy hermosa. Se encontraba en el océano Atlántico. Tenía grandes templos y palacios. Los habitantes de la Atlántida eran ricos porque la isla tenía gran cantidad de oro y plata. La civilización también era poderosa. Conquistó muchas civilizaciones a su alrededor. Luego, un día, la Atlántida simplemente desapareció. Desapareció como si se hubiera esfumado. Ignatius Donnelly cree que un desastre natural, como un terremoto o un volcán, exterminó la civilización antigua. Escribió un libro sobre la Atlántida llamado *Atlántida: El mundo antediluviano*. Fue uno de los libros de mayor venta en todo el mundo. Muchas personas están de acuerdo con las teorías de Donnelly sobre el fin de la Atlántida, pero otras creen que Platón inventó todo. ¿Qué crees tú?

Citas

1. "La parte exterior del templo estaba cubierta de plata, excepto por los pináculos. Los pináculos estaban cubiertos de oro" (Platón).

2. "El mayor responsable de que la Atlántida fuera conocida por un público más amplio fue Ignatius Donnelly. . . " (John Hawkins).

3. ". . .El nombre de Atlántida fue usado en todo, desde barcos hasta una región en el planeta Marte" (Holly Wallace).

4. "Hubo violentos terremotos e inundaciones, y de la noche a la mañana la isla de Atlántida quedó sumergida en el mar y desapareció" (Platón, citado por Holly Wallace).

Revisión

La Atlántida

NOMBRE: _____ FECHA: _____

Instrucciones: Es importante no incluir palabras y oraciones adicionales al escribir textos informativos/explicativos. Una buena manera de practicar esto es escribiendo tuits. Cuando publicas un tuit, no puedes exceder los 140 caracteres (eso incluye los espacios). Lee los dos párrafos a continuación. Luego, vuelve a escribir cada párrafo en 140 caracteres o menos.

1. Cuenta la leyenda que la Atlántida era una civilización antigua. Era una isla. Constaba de varios círculos. Los círculos eran de diversos tamaños. Había canales que conectaban los círculos. (*186 caracteres*)

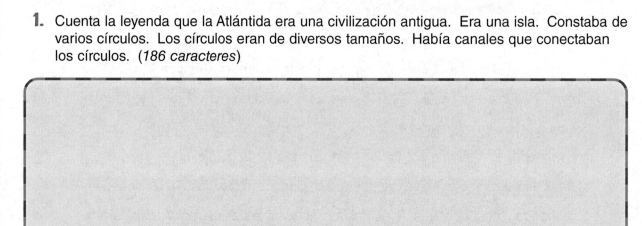

2. Lo que ocurrió con la Atlántida es un misterio. Hay muchas teorías diferentes sobre lo que ocurrió con la Atlántida. Platón dijo que la isla desapareció. Dijo que desapareció debido a terremotos e inundaciones. Otras personas dicen que podría haber sido un enorme meteorito que chocó contra la Tierra y destruyó la civilización de la isla. Hay muchas teorías diferentes sobre la Atlántida. Su desaparición aún es un misterio. (*421 caracteres*)

¡Refuerza tu aprendizaje!

Una excelente manera de eliminar palabras y oraciones excedentes es mantenerse enfocado en el tema. Si estás escribiendo sobre la economía de la Atlántida, no querrás concentrarte en las diferentes teorías sobre cómo desapareció la isla.

NOMBRE: _____ **FECHA:** _____

Instrucciones: Agrega subrayados y usa el símbolo V para agregar comillas a las oraciones.

1. ¿Alguna vez has visto la película animada Viaje a la Atlántida?

2. El diseño de portada del libro de Christina Balit, Atlántida: La leyenda de una ciudad perdida, es hermoso.

3. Si alguna vez escribo un libro sobre la Atlántida, incluiré un capítulo llamado Oro en abundancia.

4. Amor en la Atlántida es un poema sobre encontrar el amor en la civilización antigua.

5. Mi maestra me pidió que escribiera una historia breve sobre la Atlántida, así que escribí La búsqueda de la ciudad sumergida.

Instrucciones: Lee la oración a continuación. ¿Es correcta la puntuación? Explica tu respuesta.

6. Disfruté tanto el libro de ficción "El surgimiento de la Atlántida" que escribí un poema sobre él llamado "La asombrosa Atlántida".

_____

_____

_____

_____

¡Refuerza tu aprendizaje! 🚀

Los títulos de libros, **películas** y **obras teatrales** deben subrayarse. **Los títulos de artículos**, **poemas**, **capítulos** o **historias breves** deben escribirse entre comillas.
Cuando se escribe en computadora, no se subrayan los títulos de libros, películas ni obras teatrales. Más bien, se usan letras itálicas.

NOMBRE: _____ **FECHA:** _____

Publicación

La Atlántida

Instrucciones: Repasa el párrafo. Piensa en lo que has practicado durante la semana. En los márgenes, indica al menos cinco cambios que deben implementarse en este párrafo para que sea más sólido. Asegúrate de incluir al menos una cita bien ubicada.

¿Cómo puede desaparecer toda una civilización de la noche a la mañana? De acuerdo con la leyenda, eso es lo que le ocurrió a la Atlántida. El filósofo griego, Platón, escribió sobre la Atlántida en sus dos obras llamadas *Timeo* y *Critias*. Platón describió la Atlántida como un imperio de islas. Era muy hermosa. Se encontraba en el océano Atlántico. Tenía grandes templos y palacios. Los habitantes de la Atlántida eran ricos porque la isla tenía gran cantidad de oro y plata. La civilización también era poderosa. Conquistó muchas civilizaciones a su alrededor. Luego, un día, la Atlántida simplemente desapareció. Desapareció como si se hubiera esfumado. Ignatius Donnelly cree que un desastre natural, como un terremoto o un volcán, exterminó la civilización antigua. Escribió un libro sobre la Atlántida llamado *Atlántida: El mundo antediluviano*. Fue uno de los libros de mayor venta en todo el mundo. Muchas personas están de acuerdo con las teorías de Donnelly sobre el fin de la Atlántida, pero otras personas creen que Platón inventó todo. ¿Qué crees tú?

Esta semana, aprendí lo siguiente:

- que incluir citas puede hacer que los textos informativos/explicativos sean más sólidos

- que el texto debe ser claro y fácil de leer sin palabras u oraciones excedentes

- que los títulos de los libros deben ir en letras itálicas o subrayados

NOMBRE: _____ FECHA: _____

Instrucciones: Colorea los enunciados a continuación que podrían incluirse en un párrafo informativo/explicativo sobre Amelia Earhart.

Earhart siempre tuvo una apariencia muy elegante cuando vestía sus uniformes de vuelo.

Amelia Earhart desapareció en 1937, mientras volaba alrededor del mundo.

Estados Unidos gastó $4 millones en tratar de encontrar a Earhart después de que su avión desapareció.

Earhart fue la decimosexta mujer en recibir una licencia de piloto de avión.

Earhart asistió a diversas escuelas de aviación.

Creo que los extraterrestres raptaron a Earhart y, por eso, nadie la ha encontrado.

Creo que fue muy interesante que Amelia Earhart y Eleanor Roosevelt hayan sido amigas.

Earhart nunca debería haber intentado volar alrededor del mundo.

NOMBRE: _____ **FECHA:** _____

Borrador
Amelia Earhart

Instrucciones: Piensa en Amelia Earhart. Redacta el borrador de un párrafo informativo/ explicativo sobre su último vuelo. Incluye detalles sobre dónde transcurrió el vuelo y qué sucedió después de que ella desapareciera. Usa el organizador gráfico de la página 89 como ayuda.

_____

_____

_____

_____

_____

_____

_____

_____

_____

_____

_____

_____

_____

> **¡Recuerda!**
>
> Para redactar el borrador de un párrafo informativo/ explicativo sólido, recuerda hacer lo siguiente:
>
> * comenzar con contenido que capte la atención del lector
> * incluir detalles y datos
> * finalizar tu párrafo con una conclusión sólida

Práctica para escribir en cursiva *abc*

Instrucciones: Si tuvieras que escribir un libro sobre Amelia Earhart, ¿cuál sería el título? Escríbelo en letra cursiva.

_____

_____

NOMBRE: _____ **FECHA:** _____

Instrucciones: Es importante que las oraciones sean claras, concisas e interesantes para el lector. Imagina que acabas de revisar el párrafo que escribió un amigo. El párrafo incluye oraciones poco claras, oraciones repetitivas y oraciones aburridas. ¿De cuáles tres maneras podrías decirle amablemente a tu amigo que el párrafo tiene oraciones que deberían ser revisadas?

- _____
  _____

- _____
  _____

- _____
  _____

¡Hora de mejorar!

Repasa tu párrafo sobre el último vuelo de Amelia Earhart de la página 90. ¿Hay alguna oración que no se relacione con el tema y que deba ser eliminada? ¿Hay oraciones que repiten la misma información y que podrían eliminarse o combinarse con otras oraciones?

Corrección

Amelia Earhart

NOMBRE: _____ FECHA: _____

Instrucciones: Completa las reglas presentadas a continuación con las frases *ir subrayado* o *ir entre comillas*.

Reglas

1. Si es el título de un libro, debe _____.

2. Si es el título del capítulo de un libro, debe _____.

3. Si es el título de un poema, debe _____.

4. Si es el título de una película, debe _____.

5. Si es el título de una historia breve, debe _____.

6. Si es el título de una obra teatral, debe _____.

7. Si es el título de un artículo, debe _____.

¡Hora de mejorar!

Repasa tu párrafo sobre el último vuelo de
Amelia Earhart de la página 90. ¿Mencionaste
algún título de obras en tu párrafo? Si lo hiciste,
¿seguiste las reglas relacionadas con los títulos?

NOMBRE: _____ **FECHA:** _____

Instrucciones: Piensa en Amelia Earhart. Escribe un párrafo informativo/explicativo sobre su último vuelo. Incluye detalles sobre dónde transcurrió el vuelo y qué sucedió después de que ella desapareciera.

_____

_____

_____

_____

_____

_____

_____

_____

_____

_____

_____

_____

_____

_____

_____

_____

Publicación

Amelia Earhart

NOMBRE: _____ **FECHA:** _____

Instrucciones: Piensa en qué hace que un párrafo de opinión sea sólido. Coloca marcas de verificación en las manzanas con oraciones que describen los escritos de opinión.

Respalda tus motivos con detalles y ejemplos.

Expresa tu opinión claramente en la primera oración.

Incluye un problema y un desenlace.

Describe el contexto de la historias detalladamente.

Respalda tu opinión con motivos.

Incluye muchos detalles sensoriales.

Explica, paso a paso, cómo hacer algo.

Vuelve a expresar tu opinión en la oración final.

NOMBRE: _____ **FECHA:** _____

Instrucciones: Lee el párrafo de opinión. Luego, sigue los pasos a continuación.

Creo que los niños pequeños solo deben comer alimentos saludables. Una dieta saludable ayudará a mantener a los niños saludables. Existen menos posibilidades de que tengan sobrepeso. Los alimentos saludables brindan a los niños energía para hacer ejercicio y practicar deportes. Los niños tendrán un sistema inmunitario más fuerte y, por lo tanto, no se enfermarán con tanta frecuencia. Estarán mejor preparados para luchar contra infecciones como el resfriado común. Existen menos probabilidades de que los niños sufran diabetes y enfermedades cardíacas. Incluso tendrán dientes más saludables porque tendrán menos caries. Otro beneficio de seguir una dieta saludable para los niños es el desarrollo del cerebro. Los estudios revelan que los niños que se alimentan de proteínas saludables, como los huevos, pueden concentrarse mejor. Los alimentos de hojas verdes, como la espinaca y la col rizada, son ricos en vitaminas y pueden contribuir al crecimiento de nuevas células cerebrales. Los niños pueden mejorar sus habilidades de memoria consumiendo alimentos bajos en azúcar y altos en fibra, como la coliflor. Los niños que consumen alimentos saludables crean buenos hábitos alimenticios. Es más probable que elijan frutas y verduras en lugar de refrigerios dulces a medida que crecen. Los hábitos saludables los acompañan a medida que crecen. Los alimentos nutricionales ayudarán a los niños a ser adultos más fuertes y saludables. Creo que los niños solo deben comer alimentos saludables.

1. Encierra la opinión que el autor comparte en su párrafo.

2. Subraya los motivos que el autor brinda para respaldar su opinión.

Práctica para escribir en cursiva *abc*

Instrucciones: ¿Cuáles son tus alimentos saludables preferidos? Usa letra cursiva para escribirlos.

_____   _____

NOMBRE: _____ FECHA: _____

Revisión · Nutrición

Instrucciones: Lee los conectores que aparecen en la lista de la derecha. Dibuja líneas para unir los conectores con la verdura correspondiente de la izquierda.

Los conectores ayudan a brindar motivos.

Los conectores ayudan a brindar ejemplos y detalles.

Los conectores dan un indicio de la conclusión.

por ejemplo

por un lado

primero

específicamente

en conclusión

para empezar

lo que es más importante

en otras palabras

además

en segundo lugar

finalmente

particularmente

en resumen

a continuación

por otro lado

asimismo

¡Refuerza tu aprendizaje!

Crear transiciones fluidas entre los motivos hará que tus escritos de opinión sean más sólidos. Los conectores te pueden ayudar a lograrlo. Le aportarán orden y fluidez a tus escritos. Asegúrate de colocar una coma después de los conectores.

NOMBRE: _____ **FECHA:** _____

Instrucciones: Un paso importante al corregir un escrito es verificar la ortografía del texto. Entre más palabras sepas escribir correctamente, mejor podrás corregir tu escrito. Así mejorará la manera en que escribes. Verifica tus conocimientos de ortografía con este crucigrama.

HORIZONTAL

1. estos tienen proteína saludable

2. manzanas, plátanos y naranjas

3. espinacas, col, apio

4. cepillarse los dientes y comer comida saludable las previene

VERTICAL

5. una enfermedad en la que tu cuerpo no puede controlar la cantidad de azúcar en la sangre

6. hacer ejercicio puede prevenir esto

7. también vienen en forma de gomitas

8. un órgano en tu cuerpo

¡Refuerza tu aprendizaje! 🚀

Hay muchas reglas para acordarse de la ortografía correcta. Aprende las más que puedas.

Ejemplo:

Se escribe *b* antes de *l* y *r* (amable, doble, brazo, broma)

Publicación · Nutrición

NOMBRE: _____ **FECHA:** _____

Instrucciones: Vuelve a leer el párrafo. Completa los espacios en blanco con conectores a fin de que el párrafo tenga mayor fluidez. Luego, encierra seis palabras escritas con errores de ortografía. Escríbelas correctamente en los márgenes de la página.

Creo que los niños pequeños solo deben comer alimentos saludables. Una dieta saludable ayudará a mantener a los niños saludables. Existen menos posibilidades de que tengan sobrepeso. _____ los alimentos saludables brindan energía a los niños para que puedan hacer ejercicio y practicar deportes. _____ los niños tendrán un sistema inmunitario más fuerte y, por lo tanto, no se enfermarán con tanta frequencia. Estarán mejor preparados para luchar contra infecciones como el resfriado común. Existen menos probabilidades de que los niños sufran de diabetis y de enfermedades cardíacas si consumen alimentos saludables. _____ incluso tendrán dientes más saludables porque es posible que tengan menos cories. Otro beneficio de seguir una dieta saludable para los niños es el desarrollo del celebro. Los estudios revelan que los niños que se alimentan de proteínas saludables, como los huevos, pueden consentrarce mejor. Los alimentos de hojas verdes, como la espinaca y la col rizada, son ricos en vitaminas y pueden contribuir con el crecimiento de nuevas células cerebrales. _____ los niños pueden mejorar sus habilidades de memoria consumiendo alimentos bajos en azúcar y altos en fibra, como la coliflor. _____ los niños que consumen alimentos saludables crean buenos hábitos alimenticios. Es más probable que elijan frutas y verduras en lugar de bocadillos dulces a medida que crecen. Los hábitos saludables los acompañan a medida que crecen. Los alimentos nutrisionales ayudarán a los niños a ser adultos más fuertes y saludables. Creo que los niños solo deben comer alimentos saludables.

Esta semana, aprendí lo siguiente:

- cómo organizar un artículo de opinión de mejor manera
- cómo usar conectores para que el párrafo tenga mayor fluidez
- cómo verificar que no haya errores de ortografía y corregirlos

Preescritura
Ejercicio

NOMBRE: _____ **FECHA:** _____

Instrucciones: ¿Cuántos modos diferentes de hacer ejercicio se te ocurren en cinco minutos? Observa el reloj y luego, comienza a escribir y dibujar. Deja de escribir cuando hayan pasado los cinco minutos.

Ejercicios

Borrador
Ejercicio

NOMBRE: _____ **FECHA:** _____

Instrucciones: ¿Crees que las personas deberían hacer ejercicio? Redacta el borrador de un párrafo en el que expreses si opinas que las personas deberían hacer ejercicio. Incluye detalles que respalden tu opinión. Usa tus notas de la página 99 como ayuda.

_____

_____

_____

_____

_____

_____

_____

_____

_____

_____

_____

_____

_____

> **¡Recuerda!**
>
> Un párrafo de opinión sólido incluye lo siguiente:
>
> • una opinión expresada claramente al comienzo y al final
>
> • motivos que respaldan tu opinión
>
> • ejemplos y detalles que respaldan tus motivos

Práctica para escribir en cursiva *abc*

Instrucciones: Durante la última semana, ¿qué ejercicio has hecho? Usa letra cursiva para escribirlos.

_____

_____

NOMBRE: _____ **FECHA:** _____

Instrucciones: Lee las oraciones. Encierra el conector de cada oración. Luego, explica cómo se usa la palabra.

1. En primer lugar, es importante hacer ejercicio para mantener el cuerpo saludable.

   _____

2. Además, hacer ejercicio te proporcionará más energía y resistencia.

   _____

3. Por ejemplo, si caminas durante 30 minutos por día, no te sentirás cansado ni perezoso a mitad del día.

   _____

4. En conclusión, hacer ejercicio diariamente te ayudará a sentirte mejor mental y físicamente.

   _____

¡Hora de mejorar!

Repasa el párrafo de opinión que escribiste sobre hacer ejercicio en la página 100. ¿Incluiste conectores para ayudarte a organizar tus motivos y ejemplos? Si no lo hiciste, ¿puedes incluir algunos para que tu párrafo tenga mayor fluidez?

¡Recuerda!

No olvides colocar una coma después de los conectores.

Corrección · Ejercicio

NOMBRE: _____ **FECHA:** _____

Instrucciones: Verifica tu ortografía al completar esta sopa de letras sobre ejercicio.

correr	caminar	fútbol	surf	nadar	remar
bailar	yoga	polo	béisbol	boxeo	ciclismo

```
s  r  k  o  f  ú  t  b  r  c  é
o  p  e  v  ú  o  w  a  ú  y  c
b  o  u  m  g  a  l  i  n  c  i
é  l  z  h  a  y  l  l  n  l  c
i  o  ú  k  s  r  l  a  i  i  l
s  c  a  m  i  n  a  r  n  n  i
b  b  r  t  l  z  p  r  g  n  s
o  z  o  l  r  a  y  l  c  a  m
l  o  g  x  i  b  n  a  d  d  o
f  r  b  v  e  b  o  x  r  a  q
i  r  m  i  n  o  o  é  i  r  s
v  s  u  r  f  ú  t  b  o  l  i
y  o  g  a  d  r  r  l  o  c  é
k  p  o  c  o  r  r  e  r  z  b
j  p  v  s  ú  r  r  f  n  g  g
```

¡Hora de mejorar!

Hoy en día es más fácil verificar la ortografía gracias a las computadoras. La mayor parte del tiempo, una línea sinuosa roja aparece debajo de una palabra con errores de ortografía. Pero cuando escribes a mano esa línea sinuosa roja no aparece. Revisa de cerca tu párrafo de opinión de la página 100. ¿Están escritas correctamente todas las palabras? Corrige cualquier palabra con errores de ortografía.

NOMBRE: _____ **FECHA:** _____

Instrucciones: ¿Crees que las personas deberían hacer ejercicio? Escribe un párrafo en el que expreses si opinas que las personas deberían hacer ejercicio. Incluye detalles que respalden tu opinión.

_____

_____

_____

_____

_____

_____

_____

_____

_____

_____

_____

_____

_____

_____

_____

_____

Preescritura

Boicot de autobuses de Montgomery

NOMBRE: _____ **FECHA:** _____

Instrucciones: Coloca asteriscos junto a las oraciones introductorias que te generarían interés para leer más sobre el boicot de autobuses de Montgomery. ¿Cuáles captan tu atención?

El Dr. Martin Luther King Jr. se convirtió en el líder del movimiento de los derechos civiles.

¿Alguna vez fuiste tratado de manera injusta debido a tu apariencia?

En 1955, una mujer adoptó una postura firme en contra del prejuicio y se negó a ceder.

El boicot de autobuses de Montgomery comenzó en Montgomery, Alabama.

En 1955, más de 40,000 ciudadanos se unieron para cambiar el curso de la historia.

Imagina que te obligan a ceder tu asiento en un autobús debido al color de tu piel.

Rosa Parks fue arrestada.

Hubo un boicot de autobuses en Alabama durante un año.

Instrucciones: Elige una de las oraciones introductorias en las que colocaste un asterisco y explica qué te gustó sobre esa oración.

_____

_____

¡Refuerza tu aprendizaje! 🚀

Una oración introductoria sólida captará la atención del lector. Hará que el lector quiera leer más. Algunos recursos eficientes para captar la atención del lector son las preguntas o los datos sorprendentes. A veces, las citas o historias pueden ser excelentes oraciones introductorias. Asegúrate de que tu recurso para captar la atención sea astuto e interesante.

NOMBRE: _____ FECHA: _____

Instrucciones: Lee el párrafo. Cuando hayas terminado, piensa en una oración introductoria más sólida. Escribe tu oración introductoria nueva y mejorada en los renglones.

En diciembre de 1955, comenzó el boicot de autobuses en Montgomery, Alabama. En aquel entonces, la ley prohibía que los afroestadounidenses se sentaran en la parte de adelante de los autobuses públicos. Por otro lado, si todos los asientos de los autobuses estaban ocupados, los afroestadounidenses debían ceder sus asientos a las personas blancas. Rosa Parks fue una persona que luchó por lo que creía. Decidió adoptar una postura firme ¡y no ceder! Un día, Parks se negó a ceder su asiento a un hombre blanco. Fue arrestada y llevada a prisión por negarse a cumplir una ley. Sus valientes acciones motivaron que se produjera un boicot de autobuses en Montgomery. Originalmente, el boicot sería por un día, pero en su lugar, duró 381 días. Durante ese período, los afroestadounidenses pudieron expresar pacíficamente su fuerte descontento acerca de la separación forzada de los grupos con base en la raza. Más de 40,000 afroestadounidenses se negaron a usar los autobuses públicos. El boicot casi deja fuera del negocio a los autobuses públicos. Un fallo de la corte estableció que la separación de las razas en los autobuses era ilegal. Los afroestadounidenses habían logrado cambiar una ley injusta gracias al exitoso trabajo en conjunto. En la actualidad, el coraje de Parks continúa siendo una inspiración para muchas personas y es considerado como una parte esencial del movimiento de los derechos civiles.

Oración introductoria nueva

_____

_____

Práctica para escribir en cursiva *abc*

Instrucciones: Usa letra cursiva para escribir sobre una ocasión en la que hayas adoptado una postura firme acerca de algo en lo que creías.

_____

_____

NOMBRE: _____ **FECHA:** _____

Revisión

Boicot de autobuses de Montgomery

Instrucciones: Cuando escribes sobre un tema específico, es importante usar el vocabulario correcto para ese tema. Para usarlo correctamente, debes comprender y conocer los significados. Escribe la letra de cada definición correcta en la línea junto a cada palabra o frase.

_____ activista

_____ boicot

_____ desobediencia civil

_____ derechos civiles

_____ sin segregación

_____ ilegal

_____ integrado

_____ protestar

_____ segregación

A. negarse a cumplir una ley por considerarla injusta

B. separación forzada de grupos en función de la raza

C. que va en contra de la ley

D. no comprar ni tener relaciones comerciales con alguien

E. alguien que protesta o lucha por algo en lo que cree

F. abierto a todos sin importar de qué raza son

G. indicar o expresar un marcado descontento o desacuerdo acerca de algo

H. los derechos que todas las personas deben tener

I. detener la separación en función de la raza

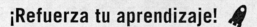

¡Refuerza tu aprendizaje!

Una buena manera de familiarizarse con las **palabras de contenido** es leer. Cuando estés escribiendo sobre un tema específico, visita la biblioteca. ¡Consulta libros sobre el tema y lee! Si los libros cuentan con glosarios, estúdialos detenidamente.

NOMBRE: _____ **FECHA:** _____

Instrucciones: ¿Recuerdas las reglas de uso de mayúsculas? Practica tus habilidades de revisión corrigiendo los errores de uso de mayúsculas en estas oraciones. Usa las marcas de corrección correspondientes para modificar los errores.

1. En 1954, la corte suprema decretó que la segregación en las escuelas era ilegal.

2. En 1960, cuatro estudiantes universitarios Afroamericanos participaron de una Sentada Pacífica de protesta en el gran almacén woolworth.

3. Más de 200,000 personas asistieron a la marcha sobre washington el 28 de agosto de 1963.

4. En 1964, el dr. Martin Luther King jr. recibió el premio nobel de la paz por fomentar y usar un enfoque no violento en la lucha por los Derechos Civiles.

5. ¿Sabías que el Presidente Eisenhower le pidió al gobernador de arkansas que no interfiriera con la Integración de la Escuela Secundaria little rock central?

¡Recuerda!

Usa las marcas de corrección correspondientes.
≡ indica que la letra debe ir en mayúscula.
/ indica que la letra debe ir en minúscula.

¡Refuerza tu aprendizaje!

Nunca debes usar mayúscula inicial para los nombres de grupos étnicos ni las nacionalidades, como afroestadounidense o canadiense. Debes usar mayúscula inicial para entidades gubernamentales, como la Corte Suprema.

NOMBRE: _____ **FECHA:** _____

Instrucciones: Lee el párrafo. Piensa en lo que has aprendido esta semana y luego usa marcas de corrección y notas en los márgenes para indicar qué te gustaría modificar para que sea más sólido.

En Diciembre de 1955, comenzó el Boicot de autobuses en montgomery, Alabama. En aquel entonces, la Ley prohibía que los afroestadounidenses se sentaran en la parte de adelante de los autobuses públicos. Por otro lado, si todos los asientos de los autobuses estaban ocupados, los afroestadounidenses debían ceder sus asientos a las personas blancas. Rosa Parks fue una persona que luchó por lo que creía. Decidió adoptar una postura firme ¡y no ceder! Un día, parks se negó a ceder su asiento a un hombre blanco. Fue arrestada y llevada a prisión por negarse a cumplir una Ley. Sus valientes acciones motivaron que se produjera un Boicot de autobuses en Montgomery. Originalmente, el Boicot sería por un día, pero en su lugar, duró 381 días. Durante ese período, los afroestadounidenses pudieron expresar pacíficamente su marcado descontento acerca de la separación forzada de los grupos en función de la raza. Más de 40,000 afroestadounidenses se negaron a usar los autobuses públicos. El Boicot casi deja fuera del negocio a los autobuses públicos. Un fallo de la corte estableció que la separación de las razas en los autobuses era Ilegal. Los afroestadounidenses habían logrado cambiar una Ley injusta gracias al exitoso trabajo en conjunto. En la actualidad, el coraje de parks continúa siendo una inspiración para muchas personas y es considerado como una parte esencial del movimiento de los derechos civiles.

Esta semana, aprendí lo siguiente:

- a usar una oración introductoria sólida para captar la atención del lector
- a usar palabras de contenido correctamente para mejorar mis escritos
- a usar las mayúsculas iniciales de manera correcta en todo el texto

126830—180 Days of Writing—Spanish

NOMBRE: _____ FECHA: _____

Instrucciones: Lee los datos de la Marcha sobre Washington de 1963. Usa la información para escribir una oración introductoria que capte el interés del lector sobre el tema.

Más de 200,000 personas asistieron.

El Dr. Martin Luther King Jr. pronunció su discurso "Tengo un sueño".

Tuvo lugar el 28 de agosto de 1963.

Fue una protesta pacífica.

La marcha fue por la libertad y por trabajo.

El Dr. King fue el último orador aquel día.

El Dr. King habló frente al Monumento a Lincoln.

No se arrestó a ningún manifestante.

La marcha fue una parte esencial del movimiento por los derechos civiles.

A. Philip Randolph organizó la marcha.

A. Philip Randolph era activista y editor de una revista.

Los manifestantes se reunieron entre el Monumento a Washington y el Monumento a Lincoln.

La Ley de Derechos Civiles fue aprobada el 2 de julio de 1964.

El presidente John F. Kennedy se reunió con el Dr. King después de la marcha.

Oración introductoria

_____

_____

_____

_____

_____

Borrador

Marcha sobre Washington

NOMBRE: _____ FECHA: _____

Instrucciones: Redacta el borrador de un párrafo informativo/explicativo acerca de la Marcha sobre Washington de 1963. Incluye datos sobre qué ocurrió y quiénes participaron. Usa los datos de la página 109 como ayuda para redactar el borrador de tu párrafo.

_____

_____

_____

_____

_____

_____

_____

_____

_____

_____

_____

_____

_____

¡Recuerda!

Un párrafo informativo/explicativo sólido incluye lo siguiente:

- se mantiene en el tema
- no incluye opiniones personales
- incluye datos, detalles y definiciones

Práctica para escribir en cursiva _abc_

Instrucciones: ¿Por qué crees que los manifestantes eligieron organizar la marcha en Washington D. C.? Usa letra cursiva para escribir tu respuesta.

_____

_____

NOMBRE: _____ **FECHA:** _____

Instrucciones: Completa la tabla con la definición y un dibujo para ilustrar el significado de cada palabra. Se ha incluido el primer ejemplo.

PALABRAS	DEFINICIONES	DIBUJOS
discriminar	tratar de manera injusta por motivos raciales	
igualdad		
discurso		
tolerancia		
unidad		

¡Hora de mejorar!

Repasa tu párrafo informativo/explicativo acerca de la Marcha sobre Washington de 1963 de la página 110. ¿Usaste algunas de las palabras de contenido mencionadas anteriormente? Si lo hiciste, ¿las usaste correctamente? Si no usaste las palabras, intenta agregar algunas para que tu párrafo sea más sólido.

¡Recuerda!

Asegúrate de conocer bien el vocabulario de contenido para usar las palabras correctamente.

NOMBRE: _____ FECHA: _____

Instrucciones: Escribe un ejemplo de un sustantivo propio para cada uno de los siguientes sustantivos comunes. Asegúrate de usar la mayúscula inicial correctamente. Haz que tus ejemplos se relacionen con la Marcha sobre Washington.

Sustantivos comunes	Sustantivos propios
protesta	_____
activista	_____
homenaje	_____
monumento	_____
líder	_____
presidente	_____
lugar	_____
mes	_____
país	_____

¡Hora de mejorar!

Repasa tu párrafo informativo/explicativo acerca de la Marcha sobre Washington de 1963 de la página 110. Verifica detenidamente que no haya errores gramaticales en tu texto ni, especialmente, errores de uso de mayúsculas en las palabras de contenido.

NOMBRE: _____ **FECHA:** _____

Instrucciones: Escribe un párrafo informativo/explicativo acerca de la Marcha sobre Washington de 1963. Incluye datos sobre qué ocurrió y quiénes participaron.

_____

_____

_____

_____

_____

_____

_____

_____

_____

_____

_____

_____

_____

_____

_____

_____

_____

Publicación

Marcha sobre Washington

NOMBRE: _____ **FECHA:** _____

Instrucciones: Recorta los enunciados sobre George Washington. Determina si cada enunciado es un dato o una opinión. Coloca cada enunciado en una de las dos pilas: *Opiniones* o *Datos*.

Opiniones	Datos
Washington vivía en Mount Vernon con su esposa, Martha.	Washington fue un héroe para muchos estadounidenses.
Washington fue elegido como primer presidente de los Estados Unidos.	Washington fue el mejor presidente que los Estados Unidos haya tenido jamás.
Washington tomó muchas decisiones erróneas como comandante del Ejército Continental.	Washington era parte del Congreso Continental.
Washington se convirtió en topógrafo cuando tenía 16 años.	Washington era un hombre apuesto y un excelente líder.

NOMBRE: _____ **FECHA:** _____

Instrucciones: Lee el párrafo. Si notas cambios incorrectos en los tiempos verbales, enciérralos y corrígelos.

George Washington fue un excelente líder. Es elegido primer presidente de los Estados Unidos en 1789. Se tomó el trabajo muy en serio. Washington era habilidoso e inteligente. Ayuda a que el joven país se fortalezca. Definió las diferentes funciones del presidente, muchas de las cuales aún existen. Washington hace un trabajo tan bueno como presidente que fue reelecto en 1793. Después de ocho años como presidente, renunció respetuosamente. Washington también fue un líder grandioso durante la Convención Constitucional. En 1787, fue elegido para dirigir la reunión. Sus compañeros le tenían mucho respeto y confiaban en él. Durante la convención, Washington ayudó a crear una nueva forma de gobierno. También ayuda a redactar la Constitución. Washington también es un líder grandioso en la Revolución estadounidense. Fue nombrado comandante del Ejército Continental en 1775. Durante la guerra con Gran Bretaña, entrena a sus hombres y fortaleció su ejército. Washington confía en la experiencia. Tomó decisiones inteligentes durante la larga guerra y ganó muchas batallas. En 1781, Gran Bretaña se rindió. Washington lidera a los Estados Unidos hacia la victoria y la independencia. George Washington fue conocido como "el padre de nuestro país" porque fue un gran líder.

Práctica para escribir en cursiva *abc*

Instrucciones: Usa letra cursiva para escribir una oración que exprese claramente tu opinión sobre Washington.

_____

_____

NOMBRE: _____ **FECHA:** _____

Instrucciones: Usar la misma palabra una y otra vez puede hacer que tus escritos sean aburridos. Aprende nuevas palabras y úsalas para mejorar tus habilidades de escritura. Escribe al menos dos sinónimos para cada una de las palabras presentadas a continuación.

además: _____

valiente: _____

crear: _____

grandioso: _____

ayudar: _____

importante: _____

líder: _____

respetar: _____

inteligente: _____

fuerte: _____

¡Refuerza tu aprendizaje!

Las palabras tienen dos significados, llamados denotación y connotación. La **denotación** es la definición del diccionario para una palabra. La **connotación** es una idea o cualidad de la palabra que te hace pensar o sentir algo. Por ejemplo, las palabras *hogar* y *casa* tienen la misma definición en el diccionario. Pero sus connotaciones son diferentes. La palabra *casa* te hace pensar en el edificio concreto donde viven las personas, mientras que la palabra *hogar* te hace pensar en cualidades, como acogedor, cómodo, cálido y afectivo. ¡Elige tus palabras sabiamente!

NOMBRE: _____ **FECHA:** _____

Instrucciones: Coloca una *X* junto a las oraciones que tengan un cambio incorrecto en el tiempo verbal. Encierra el verbo que tenga el tiempo incorrecto en cada una de ellas y corrígelo.

_____**1.** George se casó con Martha y viven en Mount Vernon.

_____**2.** Washington participó del Primer Congreso Continental, el cual decide que las colonias dejarían de comprar suministros a Gran Bretaña.

_____**3.** Washington sabía que los británicos tenían más armas que él.

_____**4.** Washington sufría de pánico escénico; por eso su primer discurso inaugural fue muy breve.

_____**5.** Washington engañó a Cornwallis al fingir que su ejército está acampando en el norte.

_____**6.** Washington cree que el país tenía que contar con un gobierno fuerte para ser poderoso.

_____**7.** En una ocasión, Washington se enoja con el Congreso porque se tomaron mucho tiempo para aprobar leyes.

_____**8.** Washington no quería ser un dictador y por eso, renunció después de ocho años.

_____**9.** Washington contrajo una enfermedad que le provocaba escalofríos y dolor de garganta, y murió el 14 de diciembre de 1799.

_____**10.** Washington lideró a los Estados Unidos hacia la victoria en la guerra de la Independencia y ayudó a que el país fuera lo que es hoy.

Publicación

George Washington

NOMBRE: _____ **FECHA:** _____

Instrucciones: Lee el párrafo. Piensa en lo que has aprendido esta semana. En los márgenes, escribe notas sobre cómo el autor podría mejorar el párrafo.

George Washington fue un excelente líder. Es elegido primer presidente de los Estados Unidos en 1789. Se tomó el trabajo muy en serio. Washington era habilidoso e inteligente. Ayuda a que el joven país se fortalezca. Definió las diferentes funciones del presidente, muchas de las cuales aún existen. Washington hace un trabajo tan bueno como presidente que fue reelecto en 1793. Después de ocho años como presidente, renunció respetuosamente. Washington también fue un líder grandioso durante la Convención Constitucional. En 1787, fue elegido para dirigir la reunión. Sus compañeros le tenían mucho respeto y confiaban en él. Durante la convención, Washington ayudó a crear una nueva forma de gobierno. También ayuda a redactar la Constitución. Washington también es un líder grandioso en la Revolución estadounidense. Fue nombrado comandante del Ejército Continental en 1775. Durante la guerra con Gran Bretaña, entrena a sus hombres y fortaleció a su ejército. Washington confía en la experiencia. Tomó decisiones inteligentes durante la larga guerra y ganó muchas batallas. En 1781, Gran Bretaña se rindió. Washington lidera a los Estados Unidos hacia la victoria y la independencia. George Washington fue conocido como "el padre de nuestro país" porque fue un líder grandioso.

Esta semana, aprendí lo siguiente:

- a organizar mi párrafo de manera atinada y lógica

- a usar sinónimos para evitar repeticiones

- a revisar los verbos para corregir cambios incorrectos en los tiempos verbales

NOMBRE: _____ **FECHA:** _____

Instrucciones: Lee cada enunciado basado en hechos sobre el presidente Abraham Lincoln. Luego, escribe tu opinión sobre el tema y sobre Lincoln.

Tema: Estados Unidos de América

Dato: Lincoln no quería que el país se dividiera a causa de la esclavitud. Quería evitar que la Unión se separara. Él dijo: "Una casa dividida contra sí misma, cae".

Mi opinión: _____

_____

Tema: Esclavitud

Dato: Lincoln no creía en la esclavitud. No quería que se diseminara hacia los nuevos estados.

Mi opinión: _____

_____

Tema: La Guerra Civil

Dato: Lincoln designó al general Ulysses S. Grant como comandante del Ejército de la Unión. Grant ayudó a que el norte ganara la Guerra Civil. Lincoln había logrado evitar que la Unión se separara.

Mi opinión: _____

_____

Borrador
Abraham Lincoln

NOMBRE: _____ **FECHA:** _____

Instrucciones: ¿Crees que Abraham Lincoln fue un buen presidente? Redacta el borrador de un párrafo que exprese tu opinión sobre él. Incluye los motivos que respalden tu opinión. Usa tus notas de la página 119 como ayuda.

_____

_____

_____

_____

_____

_____

_____

_____

_____

_____

_____

_____

¡Recuerda!

Un párrafo de opinión sólido incluye lo siguiente:

• una opinión expresada claramente al comienzo y al final

• motivos y detalles que respaldan tu opinión

• ideas sobre el tema bien organizadas y presentadas en un orden lógico

Práctica para escribir en cursiva abc

Instrucciones: Según tu opinión, ¿cuáles otros dos presidentes de los Estados Unidos hicieron un trabajo excepcional en la Casa Blanca? Usa letra cursiva para escribir sus nombres.

_____

_____

NOMBRE: _____ **FECHA:** _____

Instrucciones: Encierra el mejor sinónimo para reemplazar las palabras subrayadas.

1. Lincoln disfrutaba mucho leer.

        apreciaba   **odiaba**   **amaba**

2. Lincoln era listo y aprendía cosas rápidamente.

        incauto   **inteligente**   **rápido**

3. Lincoln pensaba que el gobierno no debía permitir la esclavitud.

        creía   **consideraba**   **imaginaba**

4. Lincoln dio un discurso corto en Gettysburg en honor a los soldados.

        breve   **pequeño**   **largo**

5. Los norteños quedaron muy tristes por la muerte de Lincoln.

        serenos   **devastados**   **dolidos**

¡Hora de mejorar!

Repasa el párrafo de opinión que escribiste sobre el presidente Lincoln en la página 120. ¿Usaste en exceso o repetiste algunas palabras? Si lo hiciste, enciérralas. Intenta reemplazarlas con los sinónimos adecuados para hacer que tu párrafo sea más sólido.

¡Recuerda!

Asegúrate de comprender el valor connotativo de las palabras que elijas. No elijas simplemente el primer sinónimo que se te ocurra.

Corrección

Abraham Lincoln

NOMBRE: _____ **FECHA:** _____

Instrucciones: Determina si los tiempos verbales de las oraciones son coherentes o incoherentes. Encierra la letra correcta y, luego, usa las letras para resolver la adivinanza.

	Coherentes	Incoherentes
1. Lincoln no liberó a los esclavos hasta después de que el norte experimente una pequeña victoria.	P	B
2. Lincoln quería asegurarse que los antiguos esclavos obtuvieran los mismos derechos de igualdad.	A	H
3. Lincoln solicitó más armas e incrementa el tamaño del ejército y la marina.	O	R
4. Lincoln había soñado que lo van a asesinar.	N	B
5. Lincoln tuvo éxito y logró evitar que la Unión se separara.	A	E

Adivinanza: Lincoln fue el primer presidente que tuvo una ___ ___ ___ ___ ___.

¡Hora de mejorar!

Repasa el párrafo de opinión que escribiste sobre el presidente Lincoln en la página 120. ¿Hay cambios inadecuados en tus tiempos verbales? Si los hay, revisa tu texto y corrígelos.

NOMBRE: _____ **FECHA:** _____

Instrucciones: ¿Crees que Abraham Lincoln fue un buen presidente? Escribe un párrafo de opinión sobre él. Incluye los motivos que respalden tu opinión.

_____
_____
_____
_____
_____
_____
_____
_____
_____
_____
_____
_____
_____
_____

NOMBRE: _____ **FECHA:** _____

Instrucciones: Coloca marcas de verificación junto a las oraciones que podrían incluirse en un párrafo informativo/explicativo sobre la escritora Lois Lowry.

_____ Lowry siempre había querido ser escritora.

_____ Los libros de Lowry son extremadamente entretenidos e invitan a la reflexión.

_____ La primera novela de Lowry, *Un verano para morir*, fue publicada en 1977.

_____ El nombre real de Lowry es Cena Ericson Hammersberg, pero se lo cambiaron por el de Lois Ann al poco tiempo de nacer.

_____ Cuando tenía 13 años, el padre de Lowry le regaló una máquina de escribir.

_____ Lowry ha vivido una vida muy interesante.

_____ Solo los estudiantes de la escuela secundaria deberían leer los libros de Lowry.

_____ La novela de Lowry *El dador* está contada desde el punto de vista de Jonas, un niño de 11 años.

_____ Lowry es una de las escritoras más queridas de todos los tiempos.

Instrucciones: Explica brevemente por qué no colocaste una marca de verificación junto a todas las oraciones.

_____

_____

_____

NOMBRE: _____ **FECHA:** _____

Instrucciones: Lee el párrafo. En los renglones de abajo, escribe una oración de conclusión para el párrafo que resuma la información y vuelva a enunciar la idea principal del párrafo.

La novela *El dador* es sobre una sociedad en la que la vida es predecible y sin dolor. La vida de Lowry no fue ni predecible ni libre de dolor. Transitó un camino largo y sinuoso, que incluyó idas y vueltas inesperadas y a veces, dolorosas. Lowry siempre supo que quería ser escritora. Incluso asistió a la universidad para estudiar redacción. Sin embrago, fue entonces cuando su camino se desvió. Lowry se enamoró. Dejó la universidad y se casó. Pronto tuvo cuatro hijos. Estaba ocupada con el cuidado de su familia y tenía muy poco tiempo para escribir. Lowry también sufrió una pérdida desestabilizadora y desgarradora en aquel tiempo. Su hermana había fallecido por culpa del cáncer. Después de más de cinco años, Lowry regresó a la universidad. Obtuvo su título y comenzó a ganarse la vida como escritora. En 1977, se publicó su primera novela, *Un verano para morir*. Ese mismo año, Lowry conoció al famoso escritor Stephen King. Han sido amigos desde entonces. King ha vendido más de 350 millones de libros. Muchos de ellos se han convertido en películas. Luego, el camino dio otro giro repentino en la vida de Lowry. Se divorció y sus padres se enfermaron. Los tiempos eran difíciles, pero ella continuó escribiendo. Sus libros, incluido *El dador*, ganaron muchos premios, y ella alcanzó el éxito. Un premio que recibió *El dador* fue la medalla Newbery. La medalla lleva el nombre del editor británico del siglo XIX, John Newbery. Todos los años, se entrega al mejor libro para niños de los Estados Unidos. En poco tiempo, Lowry volvió a sufrir una tragedia. En 1995, su hijo murió en un accidente de avión. Quedó devastada. Se volcó a la escritura para hacer frente a su dolor.

_____

_____

_____

Práctica para escribir en cursiva

Instrucciones: Si tuvieras la posibilidad de escribir la biografía de una mujer famosa, ¿a quién elegirías y por qué? Usa letra cursiva para escribir tu respuesta.

Revisión

Lois Lowry

NOMBRE: _____ **FECHA:** _____

Instrucciones: Vuelve a leer el párrafo. Subraya las oraciones que crees que deben eliminarse del párrafo para que sea más sólido. Luego, responde la pregunta.

La novela *El dador* es sobre una sociedad en la que la vida es predecible y sin dolor. La vida de Lowry no fue ni predecible ni libre de dolor. Transitó un camino largo y sinuoso, que incluyó idas y vueltas inesperadas y a veces, dolorosas. Lowry siempre supo que quería ser escritora. Incluso asistió a la universidad para estudiar redacción. Sin embargo, fue entonces cuando su camino se desvió. Lowry se enamoró. Dejó la universidad y se casó. Pronto tuvo cuatro hijos. Estaba ocupada con el cuidado de su familia y tenía muy poco tiempo para escribir. Lowry también sufrió una pérdida desestabilizadora y desgarradora en aquel tiempo. Su hermana había fallecido por culpa del cáncer. Después de más de cinco años, Lowry regresó a la universidad. Obtuvo su título y comenzó a ganarse la vida como escritora. En 1977, se publicó su primera novela, *Un verano para morir*. Ese mismo año, Lowry conoció al famoso escritor Stephen King. Han sido amigos desde entonces. King ha vendido más de 350 millones de libros. Luego, el camino dio otro giro repentino en la vida de Lowry. Se divorció y sus padres se enfermaron. Los tiempos eran difíciles, pero ella continuó escribiendo. Sus libros, incluido *El dador*, ganaron muchos premios, y ella alcanzó el éxito. Un premio que recibió *El dador* fue la medalla Newbery. La medalla lleva el nombre del editor británico del siglo XIX, John Newbery. Todos los años, se entrega al mejor libro para niños de Estados Unidos. En poco tiempo, Lowry volvió a sufrir una tragedia. En 1995, su hijo murió en un accidente de avión. Quedó devastada. Se volcó a la escritura para hacer frente a su dolor.

1. Explica por qué crees que las oraciones que subrayaste deben eliminarse.

_____

_____

¡Refuerza tu aprendizaje! 🚀

Asegúrate de que todas las oraciones se relacionen con el tema.
Si una oración no se relaciona con el tema o contiene información innecesaria, puede eliminarse.

NOMBRE: _____ **FECHA:** _____

Instrucciones: Escribe la expresión o conjunción correlativa que coincida con la palabra en negrita en cada oración. Usa los pares que figuran en el banco de palabras.

> **Banco de palabras**
>
> | ni/ni | o bien, o bien | si, entonces |
> |---|---|---|
> | prefiero/antes que | tanto/como | no solo, sino |

1. Las novelas de Lowry contienen **tanto** elementos sombríos _____ humorísticos.

2. Puedes **bien** comprar los libros de Lowry, _____ sacarlos de la biblioteca.

3. **Si** pudiera descargar un libro más, _____ descargaría *¿Quién cuenta las estrellas?*

4. **Prefiero** escribir el informe del libro *El dador* _____ del libro *El mensajero*.

5. Lowry **no** es débil _____ poco perseverante.

6. Creo que **no solo** les gustarían los libros de Lowry a los jóvenes, _____ también a los adultos.

¡Refuerza tu aprendizaje!

Algunas veces, se debe escribir coma delante de cada una de las oraciones o elementos coordinados con conjunciones correlativas.

Ejemplos

• Haré ejercicio, **o bien** en la mañana, **o bien** en la noche.

• **Si** pudiera comprar un solo libro, **entonces** sería el mejor de todos.

NOMBRE: _____ **FECHA:** _____

Instrucciones: Lee el párrafo. Encierra las expresiones o conjunciones correlativas que veas. En los márgenes, indica al menos cuatro cambios que harías para mejorar este párrafo.

Imagina si no tuvieras ni malos recuerdos ni buenos recuerdos. Que no solo no hayas experimentado dolor o pérdida, sino que tampoco hayas sentido amor verdadero o libertad. Este es el tipo de sociedad en el que vive Jonás en el libro de Lois Lowry, *El dador*. La novela de ciencia ficción ha vendido más de 10 millones de copias en todo el mundo. Lowry también ha escrito muchas otras novelas. Una se llama *¿Quién cuenta las estrellas?* Está ambientada durante la Segunda Guerra Mundial y trata sobre el Holocausto. Otra de las novelas de Lowry se llama *Un verano para morir*. Trata de dos hermanas. En *El dador*, a cada miembro de la sociedad se le asigna una carrera profesional a los 12 años de edad. Ellos no eligen sus propias carreras profesionales. Jonás acaba de cumplir 12 años y es nombrado Receptor. Esto significa que es tarea suya absorber los recuerdos del pasado de los miembros de su sociedad. Al hacerlo, siente emociones tales como tristeza y felicidad por primera vez en su vida. Cuanto más aprende Jonás sobre la sociedad, más se da cuenta de que las cosas deben cambiar. El solo hecho de que todos sientan lo mismo no hace que su sociedad sea ideal o interesante. Él comprende que vivir sin dolor, preocupación o guerra también significa nunca conocer los sentimientos de amor, fuerza o coraje. Jonás quiere hacer un cambio, ¿será capaz de lograrlo?

Esta semana, aprendí lo siguiente:

- a permanecer en el tema y evitar incluir información innecesaria
- cómo usar correctamente expresiones y conjunciones correlativas
- cómo escribir un enunciado de conclusión sólido

NOMBRE: _____ **FECHA:** _____

Instrucciones: Lee la lista de datos sobre J. K. Rowling. Si fueras a escribir un párrafo informativo/explicativo sobre su vida, usa símbolos o letras para indicar cómo agruparías los siguientes datos.

_____ Rowling obtuvo buenas calificaciones en la escuela secundaria y se graduó en 1983.

_____ El primer libro de Rowling fue rechazado por 12 editores diferentes.

_____ En Universal Studios, en Florida, se abrió un parque temático sobre Harry Potter.

_____ Rowling asistió a la Universidad de Exeter y estudió Francés.

_____ Después de la universidad, Rowling pasó de un trabajo a otro, pero siempre continuó escribiendo en su tiempo libre.

_____ Rowling sabía que escribiría siete libros sobre Harry Potter, uno por cada año que estuviera en la escuela.

_____ Hacia 2004, Rowling había ganado $1,000 millones por sus libros de Harry Potter.

_____ A Rowling se le ocurrió la idea de Harry Potter mientras estaba atascada en un tren en Inglaterra.

_____ Rowling hizo un bosquejo de los siete libros de Harry Potter antes de haber terminado el primero.

_____ Rowling leyó cada libro que podía encontrar cuando era una niña.

_____ El primer libro de Harry Potter de Rowling se publicó en 1997.

_____ Rowling pasó mucho tiempo desarrollando las reglas para el mundo en el que vivía Harry Potter.

_____ Rowling continuó leyendo y escribiendo todo el tiempo durante la escuela secundaria.

_____ Rowling siempre quiso ser una escritora, incluso cuando era muy pequeña.

_____ Los libros de Harry Potter de Rowling se convirtieron en películas famosas.

_____ Rowling escribió historias de vida para casi todos los personajes de la serie Harry Potter.

_____ El libro favorito de Rowling cuando era una niña fue *El pequeño caballo blanco*.

Preescritura
J. K. Rowling

NOMBRE: _____ **FECHA:** _____

Borrador

J. K. Rowling

Instrucciones: Redacta el borrador de un párrafo informativo/explicativo sobre J. K. Rowling. Incluye datos sobre su vida, entre ellos, sus logros. Usa los datos de la página 129 como ayuda.

_____

_____

_____

_____

_____

_____

_____

_____

_____

_____

_____

_____

_____

_____

_____

_____

¡Recuerda!

Un párrafo informativo/explicativo sólido incluye lo siguiente:

- incluye algo atrapante y una oración temática sólida

- mantente en el tema y sé organizado

- finaliza con un enunciado de conclusión

Práctica para escribir en cursiva *abc*

Instrucciones: Usa letra cursiva para escribir el nombre de tu libro o película favoritos.

_____

NOMBRE: _____ **FECHA:** _____

Instrucciones: Tacha con una línea los enunciados que no deberían incluirse en un párrafo sobre la infancia de J. K. Rowling titulado "Crecimiento".

- Jane Austen es una de sus escritoras favoritas.

- Cuando niña, se la conocía con el nombre de Jo.

- Ha ganado más de $1,000 millones por la serie Harry Potter.

- Nació el 31 de julio de 1965.

- Escribió su primer libro cuando tenía 6 años.

- La primera historia que escribió de niña fue sobre un conejo.

- Tiene tres hijos: Jessica, David y Mackenzie.

- Tiene una hermana más joven, llamada Diane, a quien apodó Di y a quien contó todas sus historias cuando eran niñas.

- Ha escrito algunos libros para adultos.

- Cuando era niña, le encantaban los libros de Narnia de C. S. Lewis.

¡Hora de mejorar!

Repasa tu párrafo informativo/explicativo sobre la vida de J. K. Rowling en la página 130. ¿Te desviaste del tema? Si es así, revisa tu texto para eliminar cualquier tipo de información innecesaria. Si sientes que tu párrafo se relaciona con el tema, verifica para asegurarte de que esté organizado de manera lógica. Si es necesario, reordena las oraciones para que tu párrafo quede más sólido.

Corrección

J. K. Rowling

NOMBRE: _____ **FECHA:** _____

Instrucciones: Usa los pares de expresiones y conjunciones correlativas del banco de palabras para completar las oraciones.

Banco de palabras

ni/ni	o bien, o bien	si, entonces
prefiero/antes que	tanto/como	no solo, sino

---

1. _____ quedarme en casa y leer libros de Harry Potter _____ ir a una fiesta.

2. _____ su voz _____ su expresión me dieron ninguna pista sobre cómo se sentía respecto del final del libro.

3. _____ voy a la librería, _____ compro otro libro de Harry Potter.

4. _____ he leído los libros,_____ que también he mirado las películas.

5. J. K. Rowling es _____ mi autora favorita _____ un modelo a seguir.

6. Necesitas _____ sacar el libro de la biblioteca, _____ escucharlo en Internet.

¡Hora de mejorar!

Repasa tu párrafo informativo/explicativo sobre la vida de J. K. Rowling en la página 130. ¿Usaste expresiones o conjunciones correlativas? Si es así, ¿las usaste correctamente? Si no es así, prueba añadir algunos a tu párrafo.

¡Recuerda!

Algunas veces, se debe escribir coma delante de cada una de las oraciones o elementos coordinados con conjunciones correlativas.

NOMBRE: _____ **FECHA:** _____

J. K. Rowling

Publicación

Instrucciones: Escribe un párrafo informativo/explicativo sobre J. K. Rowling. Incluye datos sobre su vida, entre ellos, sus logros.

_____

_____

_____

_____

_____

_____

_____

_____

_____

_____

_____

_____

_____

_____

NOMBRE: _____ **FECHA:** _____

Preescritura

Olas de calor

Instrucciones: Cuando la temperatura del aire es alta y dura varios días, se está gestando una ola de calor. Coloca marcas de verificación en los soles con palabras descriptivas que te gustaría incluir en un párrafo narrativo sobre una ola de calor.

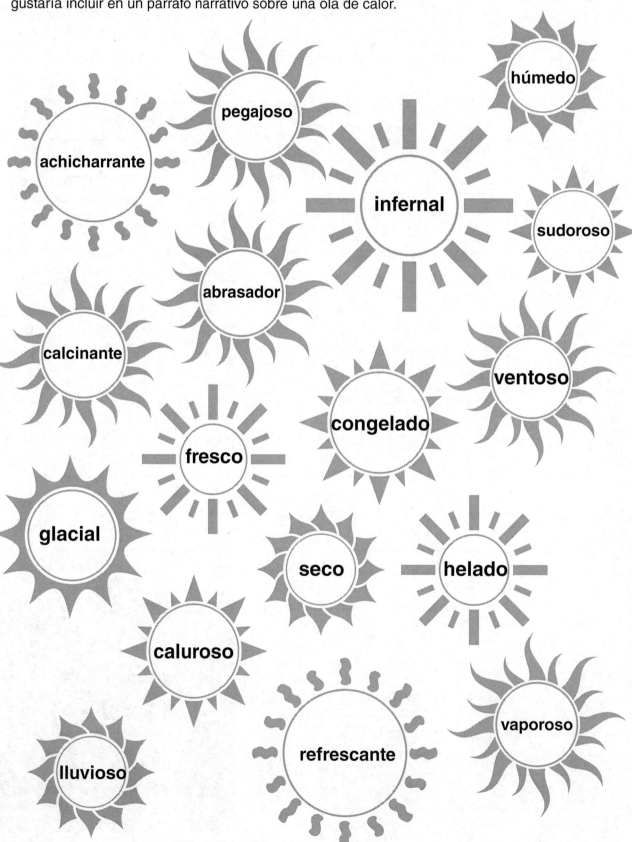

© Shell Education

NOMBRE: _____ **FECHA:** _____

Instrucciones: Lee el párrafo narrativo sobre un niño que experimenta una ola de calor por primera vez. Encierra palabras descriptivas o detalles sensoriales. Subraya los símiles o las metáforas que encuentres.

Anoche verifiqué en mi aplicación el pronóstico del tiempo para hoy. Advertía que estaría caluroso con temperaturas superiores a los 100 grados Fahrenheit (38 grados Celsius). Se supone que esta temida ola de calor durará durante casi una semana. Nunca antes había experimentado una ola de calor. Sabía que estaría caluroso, pero no tenía idea de cuán caluroso. Cuando salí por la puerta del frente, sentí como si estuviera entrando en un horno. La fresca brisa del aire acondicionado de mi casa me empujaba, como una mano helada, hacia el calor sofocante. El aire tenía sabor seco y rancio. Tosí. Los ojos me picaban por el deslumbrante resplandor del sol. Parpadeé dos veces, para darles tiempo a que se adapten. Podía sentir cómo se me formaban gotas de sudor en la frente y bajaban por la sien. Cerré la puerta detrás de mí. Cuando envolvía la mano alrededor de la manilla de la puerta, pude sentir cómo me ardía la carne de la palma de la mano al tocar el metal calcinante. Grité de dolor y me quejé en voz alta: "¡Son solo las 8 a. m.! ¿Cómo puede hacer tanto calor a esta hora?". Tuve que caminar una milla para llegar a la piscina comunitaria. El solo pensar en saltar dentro de esa fresca agua helada me impulsaba a seguir adelante. Me sentía como un nómada cruzando un desierto urbano. Con cada paso lento que daba, una nueva capa de sudor brotaba de mi cuerpo. ¿Llegaría hasta la piscina?

Práctica para escribir en cursiva _abc_

Instrucciones: Usa letra cursiva para escribir dos actividades que desearías hacer los días calurosos.

_____

_____

NOMBRE: _____ **FECHA:** _____

Instrucciones: Lee cada oración y rotúlala como *símil* o *metáfora*. Luego, encierra la palabra que se está comparando con la palabra que ya está encerrada.

1. (Lágrimas) de (sudor) me chorreaban por la cara. ____ metáfora ____

2. (Me) siento como un cono de helado derretido. _____

3. La (piscina) comunitaria era un zoológico. _____

4. Sentía los pies como un par de (huevos fritos) sobre la acera. _____

5. Este (lugar) es un sauna. _____

6. El asfalto estaba tan caliente como la (lava.) _____

7. El (automóvil) era un incinerador al sol. _____

Instrucciones: Escribe una oración relacionada con el tiempo usando una metáfora. Luego, escribe una usando un símil.

8. _____

_____

9. _____

_____

¡Refuerza tu aprendizaje! 🚀

Usar metáforas y símiles es una excelente manera de añadir sabor a tu escrito. Sin embargo, ten cuidado de no usarlos en exceso. La acción de tu historia puede perderse en un mar de lenguaje figurado.

NOMBRE: _____ **FECHA:** _____

Instrucciones: Usa el símbolo ⧸ para eliminar las comas y las conjunciones. Luego, usa el símbolo ⋀ para introducir los punto y coma. El primero se ha hecho como ejemplo.

1. Está demasiado caluroso afuera y no puedo salir de la casa hoy.
   ⋀
   ;

2. El calor era horrible y apenas podía respirar.

3. Estaba sufriendo debido al agotamiento por el calor y me sentía mareado y adolorido.

4. Estaba increíblemente sediento, así que tomé una botella entera de agua en diez segundos.

5. Hacía mucho calor en el restaurante y tuve que usar un ventilador para refrescarme.

Instrucciones: Escribe dos oraciones. Incluye un punto y coma en cada oración.

5. _____

_____

6. _____

_____

¡Refuerza tu aprendizaje!

El **punto y coma** puede usarse, en lugar de una conjunción, para unir dos oraciones independientes estrechamente relacionadas. En la mayoría de los casos, no debes usar punto y coma con una conjunción. Esa suele ser la función de la coma.

NOMBRE: _____ **FECHA:** _____

Instrucciones: Vuelve a leer el párrafo. Agrega algunas oraciones al final del párrafo que describan cómo se sintió el niño cuando finalmente saltó dentro de la piscina. Incluye palabras descriptivas y detalles sensoriales. Incluye al menos un símil o una metáfora.

Anoche verifiqué en mi aplicación el pronóstico del tiempo para hoy. Advertía que estaría caluroso con temperaturas superiores a los 100 grados Fahrenheit (38 grados Celsius). Se supone que esta temida ola de calor durará durante casi una semana. Nunca antes había experimentado una ola de calor. Sabía que estaría caluroso, pero no tenía idea de cuán caluroso. Cuando salí por la puerta del frente, sentí como si estuviera entrando en un horno. La fresca brisa del aire acondicionado de mi casa me empujaba, como una mano helada, hacia el calor sofocante. El aire tenía sabor seco y rancio. Tosí. Los ojos me picaban por el deslumbrante resplandor del sol. Parpadeé dos veces, para darles tiempo a que se adapten. Podía sentir cómo se me formaban gotas de sudor en la frente y bajaban por la sien. Cerré la puerta detrás de mí. Cuando envolvía la mano alrededor de la manilla de la puerta, pude sentir cómo me ardía la carne de la palma de la mano al tocar el metal calcinante. Grité de dolor y me quejé en voz alta: "Son solo las 8 a. m.". ¿Cómo puede hacer tanto calor a esta hora? Tuve que caminar una milla para llegar a la piscina comunitaria. El solo pensar en saltar dentro de esa fresca agua helada me impulsaba a seguir adelante. Me sentía como un nómada cruzando un desierto urbano. Con cada paso lento que daba, una nueva capa de sudor brotaba de mi cuerpo. ¿Llegaría hasta la piscina?

_____

_____

_____

_____

Esta semana, aprendí lo siguiente:

- la importancia de las palabras descriptivas y los detalles sensoriales y cómo pueden crear una imagen para el lector

- cómo decir mucho con un simple símil o una metáfora

- cuándo usar coma y cuándo usar punto y coma

126830—180 Days of Writing—Spanish

NOMBRE: _____ **FECHA:** _____

Instrucciones: Imagina que estás atrapado en una ventisca. Hay nieve en todas partes y un frío como nunca has sentido. Completa el siguiente cuadro de detalles sensoriales.

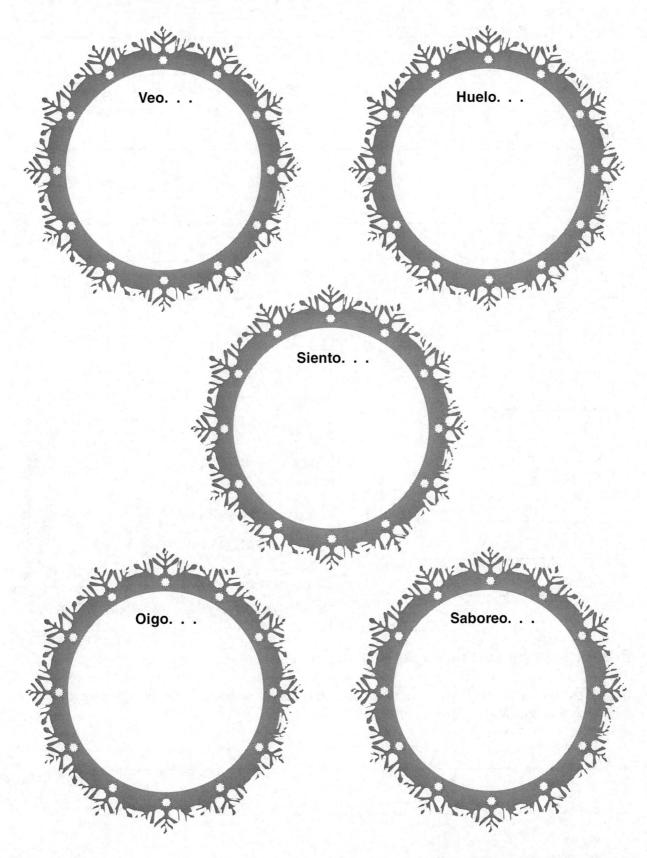

Veo. . .

Huelo. . .

Siento. . .

Oigo. . .

Saboreo. . .

Borrador Ventiscas

NOMBRE: _____ **FECHA:** _____

Instrucciones: Imagina que estás atrapado en una ventisca. Redacta el borrador de un párrafo narrativo que describa tu experiencia. Usa tus notas de la página 139 como ayuda.

_____

_____

_____

_____

_____

_____

_____

_____

_____

_____

_____

_____

_____

> **¡Recuerda!**
>
> Un párrafo narrativo sólido tiene las siguientes características:
>
> - es muy descriptivo
> - incluye muchos detalles sensoriales
> - crea una imagen con palabras para el lector

Práctica para escribir en cursiva *abc*

Instrucciones: Usa letra cursiva para escribir una oración que hable sobre el peor tiempo que hayas experimentado.

_____

_____

NOMBRE: _____ FECHA: _____

Instrucciones: Completa los símiles.

1. Soy tan valiente como _____ .

2. Estoy tan frío como _____ .

3. La vida es como un/una _____ .

4. Comes como un _____ .

Instrucciones: Completa estas oraciones escribiendo metáforas.

5. La nieve _____ .

6. El meteorólogo _____ .

7. Las nubes _____ .

8. Las estrellas _____ .

¡Hora de mejorar!

Repasa tu párrafo narrativo sobre una ventisca en la página 140. ¿Usaste símiles o metáforas? Si lo hiciste, ¿las usaste correctamente? Si no es así, prueba añadir algunos a tu párrafo.

¡Recuerda!

Un símil compara dos cosas diferentes usando las palabras *como*, *cual*, *tal*, *parecer* o *así*.

Una metáfora compara dos cosas diferentes directamente.

Corrección

Ventiscas

NOMBRE: _____ FECHA: _____

Instrucciones: Agrega una coma o un punto y coma para que cada oración sea correcta.

1. Me estaba congelando así que pedí chocolate caliente.

2. Ya que no puedes ir a esquiar ¿quieres mirar televisión conmigo?

3. Es difícil ver hacia afuera de la ventana hay demasiada nieve.

4. Necesito llevar el perro a pasear pero no ha parado de nevar.

5. He paleado nieve por horas estoy cansado e irritado.

6. Si cubro las plantas esta noche no se helarán.

Instrucciones: Escribe una oración que use una coma correctamente. Luego, escribe una oración que use punto y coma correctamente.

7. _____

_____

8. _____

_____

¡Hora de mejorar!

Repasa tu párrafo narrativo sobre una ventisca en la página 140. ¿Usaste alguna conjunción o punto y coma? Si es así, ¿son correctos gramaticalmente? Si no usaste punto y coma, intenta corregir tu párrafo para incluir uno.

¡Recuerda!

Para usar un punto y coma, debes tener dos oraciones independientes que estén estrechamente relacionadas entre sí.

NOMBRE: _____ **FECHA:** _____

Instrucciones: Imagina que estás atrapado en una ventisca. Escribe un párrafo narrativo que describa tu experiencia.

_____

_____

_____

_____

_____

_____

_____

_____

_____

_____

_____

_____

_____

_____

Preescritura

Robert Frost

NOMBRE: _____ FECHA: _____

Instrucciones: Hay tres propósitos principales, o razones, para escribir. Lee cada descripción e indica cuál crees que sería el propósito de cada autor.

	Entretener	Informar	Persuadir
1. un libro sobre la Revolución estadounidense			
2. una colección de poemas de amor			
3. un anuncio publicitario de una revista sobre una nueva aplicación			
4. un discurso político			
5. una historia sobre un niño que se convierte en mago			
6. una obra teatral sobre un príncipe loco			
7. un menú de un restaurante italiano			
8. un artículo sobre por qué los perros son las mejores mascotas			
9. un libro sobre las antiguas pirámides de Egipto			
10. un artículo sobre por qué debes reciclar			

NOMBRE: _____ **FECHA:** _____

Instrucciones: Lee el párrafo. Luego, responde la pregunta.

¿Leíste alguna vez el poema "Un alto en el bosque mientras nieva"? ¡Deberías hacerlo! Creo que es un poema fascinante de Robert Frost y que lo disfrutarías. Primero, la elección de palabras de Frost y el esquema de rima son simples y fáciles de seguir. Esto hace que leer el poema sea placentero en lugar de estresante o frustrante. A pesar de que las palabras son sencillas, logran crear una hermosa escena en la nieve. Mientras tanto, el patrón de la rima te impulsa a seguir leyendo. Otra razón por la que deberías leer este poema es para experimentar las dos últimas líneas. Son poderosas. Frost repite la misma línea dos veces. Creo que lo hace porque el significado de estas líneas es muy importante. No voy a escribir las líneas aquí; tienes que leerlas tú mismo. Esto me lleva a la tercera razón por la que debes leer este poema, el significado. Para ser un poema tan breve y simple, sus múltiples significados lo hacen complejo y fascinante. Lo que creo que trata de decir este poema puede ser completamente diferente de lo que tú entiendas que está tratando de decir. Hay tantas maneras de interpretar este poema, que es lo que lo hace tan grandioso. Creo firmemente que disfrutarás de este poema de Robert Frost. De hecho, ¡creo que deberías ir a leerlo ya mismo!

1. ¿Cuál es el propósito del autor al escribir este párrafo? ¿Cómo lo sabes?

_____

_____

_____

Práctica para escribir en cursiva *abc*

Instrucciones: Si fueras a escribir un poema sobre tu vida, ¿qué título le pondrías? Usa letra cursiva para escribir el título.

_____

NOMBRE: _____ **FECHA:** _____

Instrucciones: Escribe un antónimo para cada palabra.

1. fantasioso: _____

2. complejo: _____

3. monótono: _____

4. fascinante: _____

Instrucciones: Relaciona cada palabra con el antónimo correcto.

_____**5.** profesional   **A.** pesimista

_____**6.** decidido   **B.** sencillo

_____**7.** optimista   **C.** amateur

_____**8.** enigmático   **D.** vacilante

¡**Refuerza tu aprendizaje!**

Los **antónimos** pueden pueden a comprender palabras engañosas. Si quieres escribir sobre alguien que está triste, pero no quieres usar la palabra *triste*, ¿qué puedes hacer? Puedes pensar en sinónimos o podrías pensar en antónimos de la palabra *feliz*.

NOMBRE: _____ **FECHA:** _____

Instrucciones: Es importante usar la puntuación y ortografía correctas. Ambas pueden cambiar el significado de una oración. Revisa las oraciones. Usa las marcas de corrección correctas para corregir la puntuación y los errores de ortografía.

1. leíste alguna vez el poema El camino no elegido ¿Deberías?

2. Sabías que Robert frost es mi Poeta favorito.

3. El Camino No Elegido es uno de los poemas más populares de Robert Frost.

4. La Poesía me parece difícil de comprender a veces, pero ¿igualmente me encanta?

5. Oh, no. No puedo encontrar mi libro favorito de Poemas. Ayuda.

6. ¡Qué otros poetas te gustan aparte de Robert Frost!

7. ¿El poema de Frost titulado "la libertad de la luna" es mi nuevo favorito?

8. A frost le tomó más de 20 Años convertirse en un Poeta exitoso.

NOMBRE: _____ **FECHA:** _____

Instrucciones: Lee el párrafo. Luego, completa los siguientes pasos.

¿Leíste alguna vez el poema "Un alto en el bosque mientras nieva"? ¡Deberías hacerlo! Creo que es un poema fascinante de Robert Frost y que lo disfrutarías. Primero, la elección de palabras de Frost y el esquema de rima son simples y fáciles de seguir. Esto hace que leer el poema sea placentero en lugar de estresante o frustrante. A pesar de que las palabras son sencillas, logran crear una hermosa escena en la nieve. Mientras tanto, el patrón de la rima te impulsa a seguir leyendo. Otra razón por la que deberías leer este poema es para experimentar las dos últimas líneas. Son poderosas. Frost repite la misma línea dos veces. Creo que lo hace porque el significado de estas líneas es muy importante. No voy a escribir las líneas aquí; tienes que leerlas tú mismo. Esto me lleva a la tercera razón por la que debes leer este poema, el significado. Para ser un poema tan breve y simple, sus múltiples significados lo hacen complejo y fascinante. Lo que creo que trata de decir este poema puede ser completamente diferente de lo que tú entiendas que está tratando de decir. Hay tantas maneras de interpretar este poema, que es lo que lo hace tan grandioso. Creo firmemente que disfrutarás de este poema de Robert Frost. De hecho, ¡creo que deberías ir a leerlo ya mismo!

1. Subraya las partes donde el autor te persuadió a leer "Un alto en el bosque mientras nieva".

2. Si no te persuadió, ¿qué podría haber hecho el autor de otra manera para persuadirte?

_____

_____

Esta semana, aprendí lo siguiente:

- que los escritos persuasivos eficaces pueden influir para que los lectores actúen

- que los antónimos pueden ayudar a definir palabras que son difíciles de comprender y te ayudan a pensar palabras nuevas para usar

- que verificar la puntuación es una parte vital de los buenos escritos persuasivos

NOMBRE: _____ **FECHA:** _____

Instrucciones: Lee el siguiente poema de Emily Dickinson. Haz una lista de lo que te gusta y no te gusta sobre el poema.

Si puedo evitar que un corazón sufra

Si puedo evitar que un corazón sufra,

no viviré en vano;

si puedo aliviar el dolor en una vida,

o sanar una herida,

o ayudar a un petirrojo desfalleciente

a encontrar su nido,

no viviré en vano.

ME GUSTA

NO ME GUSTA

Borrador
Emily Dickinson

NOMBRE: _____ **FECHA:** _____

Instrucciones: ¿Cómo te sientes sobre el poema de Emily Dickinson? Redacta el borrador de un párrafo de opinión en el que expreses lo que piensas. Incluye detalles que respalden tu opinión. Usa tus notas de la página 149 como ayuda.

_____

_____

_____

_____

_____

_____

_____

_____

_____

_____

_____

_____

_____

_____

> **¡Recuerda!**
>
> • Expresa claramente tu opinión al comienzo y al final de tu párrafo.
>
> • Asegúrate de que las razones que incluyas respalden el propósito de tu escrito.
>
> • Ten presente la puntuación.

Práctica para escribir en cursiva *abc*

Instrucciones: Si fueras a escribir un poema, ¿sobre qué se trataría? Escribe tu respuesta en letra cursiva.

_____

_____

NOMBRE: _____ **FECHA:** _____

Instrucciones: Relaciona cada palabra del banco de palabras con su antónimo.

Banco de palabras

frecuentemente	aburrido	pocos	proporcionar
razonable	minúsculo	violento	monótono

Palabras	Antónimos
muy pocas veces	_____
pacífico	_____
cambiante	_____
emocionante	_____
numeroso	_____
inmenso	_____
privar de	_____
absurdo	_____

¡Hora de mejorar!

Repasa tu párrafo de opinión sobre el poema de Emily Dickinson de la página 150. ¿Usaste algún adjetivo que podrías reemplazar con palabras más persuasivas o convincentes?

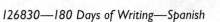

NOMBRE: _____ FECHA: _____

Instrucciones: Lee el párrafo. Corrige los errores gramaticales. Asegúrate de usar las marcas de corrección adecuadas.

    ¿Emily Dickinson nació el 10 de diciembre de 1830? Creció en amhersl, Massachusetts. Cuando niña, Dickinson disfrutaba de caminatas en la naturaleza coleccionaba flores y las prensaba en Libros. Pasaba mucho tiempo en el jardín de su familia cuidando las flores. Dickinson también iba a las actividades y bailes de la iglesia. Pero una de sus actividades más queridas era escribir poesía. ¡Dickinson comenzó a escribir poemas desde una edad temprana! Sin embargo, rara vez compartía sus poemas con alguien. Dickinson era terriblemente tímida. A medida que crecía, Se tornaba todavía más tímida y retraída. Aunque muy pocas veces salía de su casa, la imaginación de Dickinson le proporcionó toneladas de ideas para su Poesía. Después de que Dickinson murió a los 55 años de edad, su hermana encontró un cajón lleno de trabajos de Dickinson. ¿Ella había escrito más de 1,700 poemas? Te imaginas escribir todos esos poemas.

¡Hora de mejorar!

Repasa tu párrafo de opinión de la página 150 sobre el poema de Emily Dickinson. Revisa el párrafo con cuidado y verifica que la puntuación sea correcta. No querrás que tu lector se distraiga con errores gramaticales.

¡Recuerda!

- Verifica el uso de mayúsculas. No olvides usar mayúscula inicial en los sustantivos propios.

- Verifica la puntuación.

- No revises demasiado rápido. Ve lento y lee atentamente.

NOMBRE: _____ **FECHA:** _____

Instrucciones: ¿Cómo te sientes sobre el poema de Emily Dickinson? Escribe un párrafo de opinión que exprese tu pensamiento. Incluye detalles que respalden tu opinión.

Preescritura : Reciclaje

Instrucciones: Lee las descripciones de los dos personajes. Luego, responde las preguntas que están al final de la página.

LIZZIE	LEO
niña de quinto grado que es demasiado sabia para su edad	estudiante de la escuela primaria
larguirucha pero con gracia y elegancia	alto
brillante pelo negro lleno de rizos	pelo oscuro
alegre sonrisa que podría iluminar cualquier lugar	dentón
amable y una gran amiga que siempre tiene palabras sabias	popular
es curiosa y le encanta aprender cosas nuevas, especialmente sobre la ciencia	el payaso de la clase
lleva una vida muy ecológica: camina a la escuela y recicla	le gusta la televisión
quiere ayudar a mantener limpio el planeta y a protegerlo de daños	hace deportes
tiene un gran sentido del humor y siempre cuenta chistes graciosos relacionados con la ciencia	quiere ser un atleta profesional

1. ¿Por qué es más útil la descripción del personaje de Lizzie?

_____

_____

_____

2. Escribe detalles más específicos a continuación en la descripción del personaje de Leo para que sea más útil.

_____

_____

_____

NOMBRE: _____ **FECHA:** _____

Instrucciones: Lee este texto narrativo. Subraya lugares donde consideres que podría haberse incluido más información sobre un personaje para que la descripción sea más sólida y como ayuda para que el lector visualice mejor la escena.

Lizzie entró a la cafetería de la escuela. Traía un gigante contenedor azul detrás.

—¡Oye, Lizzie, ¿esa es tu lonchera? —bromeó Leo burlonamente.

—No, no lo es. Y técnicamente es un contenedor. Espero que todos los estudiantes arrojen sus latas y botellas aquí en lugar de botarlas en la basura —respondió Lizzie con seguridad.

—Atareada Lizzie, siempre tratando de ahorrar a la Tierra una botella de plástico por vez —se burló Leo mientras daba palmaditas a Lizzie en la cabeza. La mesa cercana llena de niños de quinto grado se rió de la broma de Leo.

—Dejando las bromas de lado, si no comenzamos a reciclar más, pronto estaremos viviendo en pilas de montículos de basura —afirmó Lizzie con su voz más seria—. Sería grandioso si todos pudieran comenzar a reciclar aquí y en sus casas.

—Algunos de nosotros estamos demasiado ocupados con la práctica de baloncesto como para salvar el planeta, Lizzie —dijo Leo en su voz más seria (para burlarse de ella).

—Bueno, debo ir a clase. Nos vemos más tarde, Leo.

—¿Por qué tan temprano? Todavía no termina el almuerzo —preguntó Leo.

—Oh, tú sabes, ¡a quien madruga, dios lo ayuda! —gritó Lizzie mientras se iba de la cafetería.

Leo no podía imaginarse que un reportero de un noticiero local esperaba a Lizzie en el salón de clases. Iban a presentarla en las noticias de la noche por sus esfuerzos para salvar el planeta.

Práctica para escribir en cursiva _abc_

Instrucciones: Usa letra cursiva para escribir una manera en la que podrías ayudar a proteger el medio ambiente.

NOMBRE: _____ **FECHA:** _____

Instrucciones: Une con una línea el comienzo de cada proverbio con su final correcto.

1. No todo lo que brilla

2. La práctica hace

3. Nada mejor

4. De tal palo,

5. Más vale prevenir

6. Ojos que no ven,

7. Donde entra el sol,

8. La honestidad es

corazón que no siente.

al maestro.

que estar en casa.

que curar.

la mejor política.

no entra el doctor.

tal astilla.

es oro.

¡Refuerza tu aprendizaje!

Los **proverbios** son dichos tradicionales cortos que afirman una verdad general u ofrecen un consejo. Una expresión idiomática es diferente de un proverbio. Una expresión idiomática es una frase que tiene un significado aparte propio y no puede comprenderse a partir del significado de cada palabra individual.

NOMBRE: _____ FECHA: _____

Instrucciones: Las palabras introductorias, frases y oraciones necesitan comas. Introduce comas para que las oraciones sean gramaticalmente correctas.

1. De hecho reciclo la mayor cantidad de elementos que puedo.

2. Aunque recordó reciclar las latas de aluminio olvidó reciclar las bolsas de plástico.

3. Como la bolsa tenía un agujero todas las botellas de plástico se cayeron.

4. Antes de poder ir al centro de reciclaje tuve que recargar mi automóvil eléctrico.

5. Si reciclas latas de aluminio debes lavarlas para que queden limpias.

6. Sí el centro de reciclaje está justo a la vuelta de la esquina.

7. Mientras esperaba en la fila se rompió la máquina de reciclaje.

8. Samuel ¿quieres ir al centro de reciclaje conmigo?

¡Refuerza tu aprendizaje! 🚀

Las **frases y los sintagmas preposicionales** que comienzan oraciones necesitan coma. Algunas preposiciones o conjunciones que se usan comúnmente en sintagmas introductorios son las siguientes: *aunque*, *después*, *si* y *antes*. Y recuerda, las palabras introductorias e interjecciones también requieren comas.

Publicación
Reciclaje

NOMBRE: _____ **FECHA:** _____

Instrucciones: Vuelve a leer la narración. Agrega adverbios en los renglones. Busca el proverbio y subráyalo. Finalmente, agrega las comas que falten.

Lizzie entró _____ a la cafetería de la escuela. Traía un gigante contenedor azul detrás.

—Oye Lizzie ¿esa es tu lonchera? —bromeó Leo _____.

—No no lo es. Y técnicamente es un contenedor. Espero que todos los estudiantes arrojen sus latas y botellas aquí en lugar de botarlas en la basura —respondió Lizzie con seguridad.

—Atareada Lizzie, siempre tratando de ahorrar a la Tierra una botella de plástico por vez —se burló Leo mientras daba palmaditas a Lizzie _____ en la cabeza. La mesa cercana llena de niños de quinto grado se rió de la broma de Leo.

—Dejando las bromas de lado si no comenzamos a reciclar más pronto estaremos viviendo en pilas de montículos de basura —afirmó Lizzie con su voz más seria—. Sería grandioso si todos pudieran comenzar a reciclar aquí y en sus casas.

—Algunos de nosotros estamos demasiado ocupados con la práctica de baloncesto como para salvar el planeta Lizzie —dijo Leo en su voz más seria (para burlarse de ella).

—Bueno debo ir a clase. Nos vemos más tarde, Leo.

—¿Por qué tan temprano? Todavía no termina el almuerzo —preguntó Leo

_____.

—Oh tú sabes, ¡a quien madruga, Dios lo ayuda! —gritó Lizzie mientras se iba de la cafetería.

Leo no podía imaginarse que un reportero de un noticiero local esperaba a Lizzie en el salón de clases. Iban a presentarla en las noticias de la noche por sus esfuerzos para salvar el planeta.

Esta semana, aprendí lo siguiente:

- que las narraciones deben incluir descripciones detalladas de los personajes

- qué es un proverbio

- que una frase o un sintagma introductorios necesitan una coma

NOMBRE: _____ **FECHA:** _____

Instrucciones: Piensa en un personaje que desearías incluir en una narración sobre el ahorro de energía. Luego, completa el perfil del personaje.

PERFIL DEL PERSONAJE
Nombre:
Edad:
Descripción física
Rasgos de la personalidad
Cosas favoritas
Habilidades

NOMBRE: _____ **FECHA:** _____

Instrucciones: Redacta el borrador de un párrafo narrativo sobre el ahorro de energía. Incluye un personaje específico que ahorre energía y cómo lo hace. Usa la descripción de tu personaje de la página 159 como ayuda.

_____

_____

_____

_____

_____

_____

_____

_____

_____

_____

_____

_____

_____

_____

> **¡Recuerda!**
>
> Un párrafo narrativo sólido tiene las siguientes características:
>
> - incluye algo atrapante para captar la atención del lector
>
> - incluye muchos detalles sobre el personaje y el escenario
>
> - incluye un problema y una solución

Práctica para escribir en cursiva *abc*

Instrucciones: Usa letra cursiva para escribir dos fuentes de energía diferentes.

_____

_____

NOMBRE: _____ FECHA: _____

Instrucciones: Haz una lista de todos los proverbios que conoces.

_____

_____

_____

_____

_____

Instrucciones: Elige tu proverbio favorito de los mencionados anteriormente y haz una ilustración.

think green

¡Hora de mejorar!

Repasa tu párrafo narrativo sobre el ahorro de energía de la página 160. ¿Usaste un proverbio? Si es así, ¿está redactado correctamente? ¿Está usado en el contexto correcto? Verifícalo; para ello, busca su significado en Internet. Si no usaste un proverbio, intenta agregar uno a tu narración.

¡Recuerda!

Los proverbios son dichos tradicionales cortos que afirman una verdad general u ofrecen un consejo.

NOMBRE: _____ **FECHA:** _____

Instrucciones: Las oraciones requieren comas después de los elementos introductorios. Lee cada oración. Si es correcta, escribe una *C* en la línea. Si es incorrecta, escribe *I* en la línea y luego usa las marcas de corrección correctas para corregirla.

_____ 1. Aunque es una buena idea dejar tu computadora en suspensión ahorrarías más energía si la apagaras.

_____ 2. Decidida, a ahorrar más energía compré más aparatos modernos.

_____ 3. Debido a los paneles solares sobre nuestro techo, ahorramos mucho dinero en nuestras facturas de energía.

_____ 4. Franklin ¿cómo te están funcionando esas nuevas bombillas?

_____ 5. Si lavas tu ropa en agua fría podrías ahorrar energía.

_____ 6. Sí creo que es extremadamente importante ahorrar energía.

_____ 7. A decir verdad, soy realmente bueno para recordar apagar las luces.

_____ 8. Si bien he ahorrado suficiente dinero para comprar bombillas nuevas, no he ahorrado suficiente para comprar paneles solares.

. . . .

¡Hora de mejorar!

Repasa tu párrafo narrativo sobre el ahorro de energía de la página 160. ¿Hay algún elemento introductorio? Si es así, ¿incluiste comas? Si no usaste ningún elemento introductorio, intenta agregar uno para que puedas practicar usar esta regla de la coma.

NOMBRE: _____ **FECHA:** _____

Instrucciones: Escribe un párrafo narrativo sobre el ahorro de energía. Incluye un personaje específico que ahorre energía y cómo lo hace.

_____

_____

_____

_____

_____

_____

_____

_____

_____

_____

_____

_____

_____

_____

NOMBRE: _____ **FECHA:** _____

Instrucciones: Cuando escribas párrafos informativos/explicativos, las imágenes pueden ayudar al lector para que comprenda mejor lo que estás escribiendo. Si vas a escribir un párrafo sobre tsunamis, ¿cuál de las siguientes imágenes descritas crees que será más útil? Escribe *Sí* si crees que una imagen sería útil. Escribe *No* si crees que no debería incluirse.

> Un **tsunami** es una ola extremadamente grande en el océano que es generalmente causada por un terremoto bajo el océano. Los tsunamis son increíblemente peligrosos y provocan destrucción en masa.

Descripciones de ilustraciones	¿Sí o no?
1. un mapa topográfico que muestra las cordilleras y las placas tectónicas que las originaron	
2. un diagrama que muestra cómo funciona un sistema de detección de tsunamis y que es usado por la Oficina Nacional de Administración Oceánica y Atmosférica de EE. UU. como ayuda para advertir a las personas sobre la llegada de tsunamis	
3. un dibujo que muestra cómo obtiene energía la ola de un tsunami y cómo se ve cuando se acerca a la costa	
4. un diagrama que muestra el interior de un volcán y explica cómo erupciona para formar una isla nueva	
5. un mapa que muestra las diversas placas tectónicas de la Tierra que se mueven y desplazan creando terremotos	

NOMBRE: _____ FECHA: _____

Instrucciones: Lee el párrafo. Encierra las palabras de contenido que no sepas. Búscalas en un diccionario cuando hayas terminado de leerlas. Luego, responde la pregunta.

¿Sabías que en menos de un minuto, un tranquilo y pacífico océano puede transformarse en una de las fuerzas más poderosas y mortales sobre la Tierra? Eso es lo que sucede cuando ocurren los tsunamis. Los tsunamis son olas enormes. Se precipitan sobre la costa provocando muerte y destrucción. Los terremotos son una de las principales causas de los tsunamis. Los continentes de la Tierra se desplazan y se mueven. Esto se debe a las placas tectónicas. La corteza terrestre está formada por grandes trozos, o placas, que se deslizan y desplazan sobre el manto terrestre. A veces, las placas chocan enérgicamente y provocan terremotos. Esto también puede ocurrir en el suelo oceánico. Cuando lo hace, se producen terremotos que liberan grandes cantidades de energía hacia el océano. Esta energía crea tsunamis. Las explosiones volcánicas y los meteoros también pueden provocar tsunamis; sin embargo, la mayoría de los tsunamis son el resultado de terremotos bajo el agua. Los tsunamis ganan velocidad a medida que viajan a lo largo del océano. Pueden moverse a una velocidad de 600 mph (965 kph). Cuanto más rápido van, más potencia adquieren. Cuando los tsunamis se acercan a la costa, comienzan a formarse olas gigantescas. Estas olas pueden alcanzar una altura de hasta 100 pies (30 metros). Cuando chocan con la costa, pueden destruir todo a su paso. Los edificios, los automóviles y las personas no pueden competir con estas poderosas olas. Cuando un tsunami golpea, es importante llegar a zonas altas lo antes posible. Hay sistemas de advertencia en funcionamiento, pero los científicos continúan trabajando en ellos para mejorarlos. Es importante que las personas comprendan y respeten el poder de los tsunamis.

1. ¿Qué cosas de este párrafo te indican que es un texto informativo/explicativo?

_____

_____

TSUNAMI HAZARD ZONE
CAUTION

Práctica para escribir en cursiva *abc*

Instrucciones: Usa letra cursiva para escribir acerca de otro desastre natural sobre el que puedas reflexionar.

_____

NOMBRE: _____ FECHA: _____

Instrucciones: Lee las palabras del montón. Resalta todas las palabras relacionados con temas de ciencias. Escoge cinco palabras y escribe tus propias definiciones de estas palabras.

verbos
ecosistema
libertad
patriótico
corazón estrellas
terremotos campaña
Washington inmigración clima estados volumen
científicos
multiplicación resta
tsunami opinión caracteres sinónimos
horizonte

1. _____ — _____

2. _____ — _____

3. _____ — _____

4. _____ — _____

5. _____ — _____

¡Refuerza tu aprendizaje! 🚀

Una buena manera de aprender las palabras de contenido relacionadas al tema sobre el que quieres escribir es leer material de no ficción sobre ese tema. Ve a la biblioteca o consulta Internet. Lee artículos y libros sobre el tema. Escribe una lista de las palabras que te encuentras a menudo. Luego escribe las definiciones de esas palabras para crear un miniglosario.

NOMBRE: _____ **FECHA:** _____

Instrucciones: Una parte fundamental de la corrección de texto es verificar la ortografía. Es importante saber cómo escribir correctamente las palabras. Mira cada fila y encierra la palabra que esté escrita sin errores de ortografía.

1.	sunami	tsunami	tsoonami
2.	platas tectónicas	placas tectónicas	placas tektónica
3.	inmundación	inumdación	inundación
4.	oséano	oscéano	océano
5.	volcáno	volcán	bolcán
6.	astteroide	asteroide	asterroide
7.	terre moto	terremoto	teremoto
8.	costa	osstas	costta

Instrucciones: Corrige las palabras que estén escritas con errores de ortografía.

Incorrecta	Correcto
cismógrafo	
Hawaiv	
longitud de honda	
destruxión	

Publicación

Tsunamis

NOMBRE: _____ **FECHA:** _____

Instrucciones: Lee el párrafo informativo/explicativo. Subraya 10 palabras de contenido relacionadas con la ciencia. Luego, busca y corrige 10 palabras escritas con errores de ortografía.

¿Sabías que en menos de un minuto, un tranquilo y pacífico océano puede transformarse en una de las fuerzas más poderosas y mortales sobre la Tierra? Eso es lo que sucede cuando ocurren los tsunamis. Los tsunamis son olas enormes. Se precipitan sobre la costa provocando muerte y destrucción. Los terremotos son una de las principales causas de los tsunamis. Los contenentes de la Tierra se desplazan y se mueven. Esto se debe a las placas tectónikas. La cortesa terrestre está formada por grandes trozos, o placas, que se deslizan y desplazan sobre el mantro terrestre. A veces, las placas chocan enérgicamente y provocan teremotos. Esto también puede ocurrir en el suelo oseánico. Cuando lo hace, se producen terremotos que liberan grandes cantidades de energía hacia el océano. Esta energía crea tsunamis. Las expulsiones volcánicas y los meteoros también pueden provocar tsunamis; sin embargo, la mayoría de los tsunamis son el resultado de terremotos bajo el agua. Los tsunamis ganan velocidad a medida que viajan a lo largo del océano. Pueden moverse a una velocidad de 600 mph (965 kph). Mientras más rápido van, más potencia adquieren. Cuando los tsunamis se acercan a la costa, comienzan a formarse olas gigantescas. Estas holas pueden alcanzar una altura de hasta 100 pies (30 metros). Cuando chocan con la costa, pueden destuir todo a su paso. Los edificios, los automóviles y las personas no pueden competir con estas poderozas olas. Cuando un tsunami golpea, es importante llegar a zonas altas lo antes posible. Hay sistemas de advertencia en funcionamiento, pero los sientíficos continúan trabajando en ellos para mejorarlos. Es importante que las personas comprendan y respeten el poder de los tsunnamis.

Esta semana, aprendí lo siguiente:

- que las ilustraciones pueden ayudar al lector a comprender mejor el texto
- a usar palabras de contenido adecuadas que se relacionen con el tema
- que es importante verificar la ortografía de las palabras de contenido

NOMBRE: _____ FECHA: _____

Instrucciones: Coloca una marca de verificación junto a cada enunciado que podría ser útil si fueras a escribir un párrafo informativo/explicativo sobre las avalanchas.

❏ Las avalanchas son grandes cantidades de nieve que se deslizan hacia abajo de las montañas.

❏ La palabra *avalancha* significa "deslizamiento de nieve".

❏ Tengo terror a las avalanchas y no voy a esquiar.

❏ ¿El cambio climático está haciendo que se derritan las capas de hielo polar?

❏ El paso de las avalanchas tiene tres partes: zona de inicio, zona de recorrido y zona de depósito.

❏ Los ruidos fuertes no siempre causan avalanchas.

❏ Los Alpes suizos son un grandioso lugar para vacacionar en invierno.

❏ Muchas avalanchas ocurren durante una tormenta o justo después de ella.

❏ Las avalanchas avanzan muy rápido.

❏ Los perros de rescate se usan para ayudar a las personas que quedan atrapadas por las avalanchas.

❏ Pienso que podría correr más deprisa que una avalancha.

❏ Las avalanchas ocurren en pendientes pronunciadas tales como las laderas de las montañas.

❏ Muchas cosas pueden causar avalanchas, incluido el viento y el peso de la nieve que cae.

❏ El monte Kilimanjaro es la montaña más alta del continente africano.

❏ Hay dos tipos principales de avalanchas: avalanchas de nieve reciente y avalanchas de placa.

❏ Las personas pueden iniciar una avalancha.

❏ Los copos de nieve tienen diversas figuras.

❏ Hay varias formas de mantenerse seguros en áreas con avalanchas, como llevar una pala y una radiobaliza.

❏ Los motonieves son mucho más divertidos que los trineos.

Borrador

Avalanchas

NOMBRE: _____ **FECHA:** _____

Instrucciones: Redacta el borrador de un párrafo informativo/explicativo sobre las avalanchas. Incluye datos sobre qué es una avalancha, cómo comienza y qué tipos de destrucción puede causar. Usa los datos de la página 169 como ayuda.

_____

_____

_____

_____

_____

_____

_____

_____

_____

_____

_____

_____

¡Recuerda!

Un párrafo informativo/explicativo sólido incluye lo siguiente:

- comienza con algo atrapante y finaliza con un enunciado de conclusión

- incluye datos, detalles y definiciones, pero no opiniones personales

- no incluye información innecesaria

Práctica para escribir en cursiva *abc*

Instrucciones: ¿Experimentaste alguna vez un desastre natural? Usa letra cursiva para escribir una oración sobre tu experiencia.

_____

_____

NOMBRE: _____ **FECHA:** _____

Instrucciones: Usa las palabras del banco de palabras para relacionar cada palabra con su definición correcta.

Banco de palabras

| tormenta | terreno | pendiente | placa | fuerte helada |
| vegetación | nieve acumulada | peligro | fractura | denso |

1. _____—fuertemente compactado

2. _____—una plancha o lámina gruesa y chata

3. _____—plantas que cubren un área en particular

4. _____—una rajadura o rotura

5. _____—una masa de nieve sobre la tierra que está fuertemente compactada por su propio peso

6. _____—las características de la superficie de un área de la tierra

7. _____—suelo que se inclina hacia abajo o hacia arriba

8. _____—mal tiempo en el que hay mucha lluvia, nieve o fuertes vientos

9. _____—temperaturas lo suficientemente frías como para dañar o matar la vegetación

10. _____—una fuente de riesgo

¡Hora de mejorar!

Repasa tu párrafo informativo/explicativo sobre las avalanchas de la página 170. ¿Recordaste usar palabras específicas del contenido? Si lo hiciste, ¿las usaste correctamente? Si no lo hiciste, agrégalas.

Corrección

Avalanchas

NOMBRE: _____ **FECHA:** _____

Instrucciones: Practica tus habilidades de ortografía descifrando las palabras relacionadas con las avalanchas. Puedes usar el banco de palabras como ayuda.

Banco de palabras			
vegetación	pendiente	nieve acumulada	fuerte helada
peligro	denso	terreno	fractura

1. tedepnine _____

2. nretreo _____

3. aucrfatr _____

4. óegtetnvaci _____

Instrucciones: Completa cómo se escriben las palabras rellenando los espacios en blanco. Puedes usar el banco de palabras como ayuda.

5. ___ ___ ___ ve
   ___ ___ ___ ___ ___ ___ da

7. ___ ___ n ___ o

6. ___ ___ l ___ ___ ___ ___

8. ___ ___ ___ ___ t ___ ___ e ___ a ___ ___

. . . .

¡Hora de mejorar!

Repasa tu párrafo informativo/explicativo sobre las avalanchas de la página 170. ¿Hay alguna palabra con errores de ortografía? Si es así, corrígela.

NOMBRE: _____ **FECHA:** _____

Instrucciones: Escribe un párrafo informativo/explicativo sobre las avalanchas. Incluye datos sobre qué es una avalancha, cómo comienza y qué tipos de destrucción puede causar.

_____

_____

_____

_____

_____

_____

_____

_____

_____

_____

_____

_____

_____

_____

_____

_____

Preescritura

Atracciones

NOMBRE: _____ **FECHA:** _____

Instrucciones: Elige la mejor audiencia para cada uno de los siguientes libros y traza una línea para conectarlos.

Título del libro	Audiencia
Nuevos medicamentos para dolores de cabeza	niños
Fotosíntesis	profesores de historia
Huevos verdes con jamón	mecánicos de automóviles
Enseñanzas de la Revolución estadounidense	médicos
Manual de reparación de motores de automóviles	turistas
Guía para Hawái	corredores
Cómo entrenar para una maratón	estudiantes de ciencia

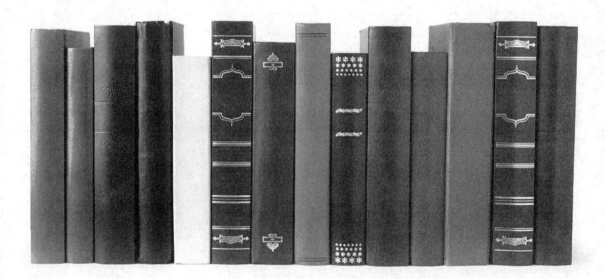

¡Refuerza tu aprendizaje!

Tu audiencia es quien leerá el texto que estás escribiendo. Es importante mantener la audiencia en mente cuando estás escribiendo. Por ejemplo, un mensaje de correo electrónico para un amigo cercano será muy diferente a un mensaje de correo electrónico para el director de tu escuela. Cuánto escribes, cuán formal sea tu escrito y qué información incluyas dependerá de tu audiencia.

NOMBRE: _____ FECHA: _____

Instrucciones: A este autor se le solicitó escribir un artículo de opinión sobre las atracciones en un parque de diversiones. El artículo va a aparecer en una revista local familiar para padres. ¿Crees que el autor usó el tono correcto? ¿Crees que se incluyó la información correcta? Haz asteriscos en los márgenes donde pienses que el autor haya hecho un buen trabajo para esta audiencia. Subraya los lugares donde pienses que el autor podría mejorar el párrafo.

He estado en miles de parques de diversiones, pero Wizard World tiene indiscutiblemente las mejores atracciones. La montaña rusa Wacky Wand es excelente. Tiene cinco rizos, dos caídas pronunciadas y una sorpresa al final que no voy a revelar. Se requiere superar las 42" de estatura, lo cual no está mal ya que recomiendo esta atracción para niños más grandes y para padres. Junto a esta atracción está el patio de comidas de Fodor. Aquí querrás arrebatar y llenarte la boca con algunos macaroons mágicos. Estos coloridos pasteles son de lo mejor. ¡Por Dios! No puedo describirlo. Son más que absolutamente deliciosos. Ni qué hablar de las galletas, los dulces y los helados. Devoré demasiados dulces y tuve muchas náuseas. ¡Puaj! ¡Vomité! Como sea, otra atracción son los Wacky Wizard Hats. Siempre que no te de náuseas el movimiento, puedes pasarlo de maravillas trepando un colorido sombrero y girando en círculos a alta velocidad. Los niños más pequeños de tu familia adorarán el castillo Merlin's Magic Castle. Tus pequeños montarán unicornios en un castillo lleno de escenas divertidas del más famoso mago de todos los tiempos, Merlín. Reirán a carcajadas mientras ven cómo mete la pata Merlín con los encantamientos. En mi opinión, Wizard World tiene las mejores atracciones y es diversión repleta de fantasía para toda la familia.

Práctica para escribir en cursiva *abc*

Instrucciones: Usa letra cursiva para describir tu atracción favorita del parque de diversiones.

_____

_____

Revisión
Atracciones

NOMBRE: _____ **FECHA:** _____

Instrucciones: Subraya la hipérbole en cada oración.

Ejemplo: ¡Esta guía pesa una tonelada!

1. He estado esperando en la fila durante millones de años.

2. Hoy me subo a una tonelada de atracciones.

3. Me muero por subir a las Wacky Wizard Swings.

4. Esta fila se mueve más lento que una tortuga.

5. En un abrir y cerrar de ojos, la atracción había terminado.

6. ¡Esa caída final era interminable!

7. ¿Subimos de nuevo? ¡Esa es la mejor idea que nadie haya tenido nunca!

8. Con solo mirar esa atracción quedo hecho un manojo de nervios.

Instrucciones: Escribe tu propia oración con una hipérbole.

_____

_____

¡Refuerza tu aprendizaje!

La **hipérbole** es una forma de lenguaje figurado. Es el uso de la exageración para crear humor o hacer una observación. Si estás escribiendo para una audiencia seria con un tono formal, entonces debes evitar usar hipérboles. Esta forma de lenguaje figurado es mejor para formas de escritura más informales.

NOMBRE: _____ **FECHA:** _____

Instrucciones: Usamos comas para separar tres o más adjetivos, sustantivos o verbos en una serie, salvo delante del último elemento. Lee cada oración. Coloca comas donde sea necesario.

1. Asustado mareado y con náuseas es como me sentí después de subir a esa atracción.

2. La próxima vez que venga, necesito usar zapatos cómodos un reloj y una chaqueta.

3. No puedo decidir si beber agua helada jugo o una limonada helada.

4. Fue un largo día de comer subir a las atracciones y esperar en las filas.

5. Este lugar está más lleno de gente que el centro comercial el museo y el aeropuerto.

6. No puedo decidir si la atracción del tronco las sillas voladoras o la montaña rusa fue mi atracción favorita.

7. Mi hermana mi hermano mi mamá y mi papá me acompañaron al parque de diversiones.

8. ¿Cuál te gusta más: el parque de diversiones la playa el parque acuático o el zoológico?

NOMBRE: _____ FECHA: _____

Instrucciones: Vuelve a leer el párrafo. Agrega una revisión de otra atracción en los renglones. En tu revisión, asegúrate de usar el tono adecuado e incluye al menos una hipérbole.

He estado en miles de parques de diversiones, pero Wizard World tiene indiscutiblemente las mejores atracciones. La montaña rusa Wacky Wand es excelente. Tiene cinco rizos, dos caídas pronunciadas y una sorpresa al final que no voy a revelar. Se requiere superar las 42" de estatura, lo cual no está mal ya que recomiendo esta atracción para niños más grandes y para padres.

_____

_____

_____

_____

_____

Como sea, otra atracción son los Wacky Wizard Hats. Siempre que no te de náuseas el movimiento, puedes pasarlo de maravillas trepando un colorido sombrero y girando en círculos a alta velocidad. Los niños más pequeños de tu familia adorarán el castillo Merlin's Magic Castle. Tus pequeños montarán unicornios en un castillo lleno de escenas divertidas del más famoso mago de todos los tiempos, Merlín. Reirán a carcajadas mientras ven cómo mete la pata Merlín con los encantamientos. En mi opinión, Wizard World tiene las mejores atracciones y es diversión repleta de fantasía para toda la familia.

Esta semana, aprendí lo siguiente:

- la importancia de escribir para una audiencia y elegir el tono correcto
- qué es una hipérbole y cómo puede agregar humor a mi escrito y ayudar a hacer una observación
- cuándo usar comas para separar elementos en una serie

Publicación Atracciones

NOMBRE: _____ **FECHA:** _____

Instrucciones: Saber cómo escribir para diferentes audiencias es una habilidad importante que debo aprender. Está bien escribir en un tono relajado e informal para algunas audiencias. Otras audiencias requieren escribir de manera más formal y objetiva. Une con una línea cada elemento con el tipo de audiencia correcto.

```
┌─────────────────┐
│                 │
│    FORMAL       │
│                 │
└─────────────────┘
```

un ensayo para tu maestro

una carta al presidente de los Estados Unidos

un mensaje de texto a tu mejor amigo

una postal a tu primo

una nota para tus padres

```
┌─────────────────┐
│                 │
│   INFORMAL      │
│                 │
└─────────────────┘
```

un mensaje de correo electrónico para el director de tu escuela

una petición al alcalde

una historia para tus abuelos

Instrucciones: Elige el tipo de tono (formal o informal) para cada par de oraciones.

1. Washington guió a sus soldados hacia la victoria. Ayudó a los Estados Unidos a ganar la guerra de la Independencia. _____

2. Realmente no quiero nadar hoy. Quizás podamos pescar una película. ¿No es genial? _____

Borrador

Comida

NOMBRE: _____ **FECHA:** _____

Instrucciones: ¿Te gusta la comida que se sirve en los parques de diversiones? Redacta el borrador de un párrafo de opinión que describa qué piensas sobre la comida de los parques de diversiones. Incluye detalles que respalden tu opinión. Usa la información de la página 179 como ayuda.

_____

_____

_____

_____

_____

_____

_____

_____

_____

_____

_____

_____

_____

_____

_____

> **¡Recuerda!**
>
> Un párrafo de opinión sólido incluye lo siguiente:
>
> • expresa claramente tu opinión al comienzo y al final de tu párrafo;
>
> • proporciona razones que respalden tu opinión;
>
> • está escrito para tu audiencia y se mantiene en el tema.

Práctica para escribir en cursiva *abc*

Instrucciones: ¿Cuál es tu comida favorita cuando visitas un parque de diversiones? ¿Por qué? Usa letra cursiva para escribir tu respuesta.

_____

_____

NOMBRE: _____ **FECHA:** _____

Instrucciones: Vuelve a escribir cada oración sin una hipérbole.

1. Me tomará toda la vida terminar estas palomitas de maíz.

   _____

   _____

2. Si no como pronto, voy a morir.

   _____

   _____

3. Puedo oler churros a kilómetros de distancia.

   _____

   _____

Instrucciones: Vuelve a escribir cada oración usando una hipérbole.

4. Me tomó mucho tiempo terminar mi cena.

   _____

   _____

5. El plato de pasta estaba muy pesado.

   _____

   _____

¡Hora de mejorar!

Repasa tu párrafo de opinión sobre la comida de un parque de diversiones de la página 180. ¿Usaste alguna hipérbole? Si no es así, revisa tu párrafo para incluir al menos una hipérbole.

NOMBRE: _____ **FECHA:** _____

Corrección

Comida

Instrucciones: Escribe una oración que use las tres palabras enumeradas. ¡No olvides las comas!

1. fresa arándano cereza

_____

_____

2. churro palomita de maíz paleta

_____

_____

3. desayuno almuerzo cena

_____

_____

4. agua jugo leche

_____

_____

5. trotó corrió se arrastró

_____

_____

¡Hora de mejorar!

Repasa tu párrafo de opinión sobre la comida de un parque de diversiones de la página 180. ¿Hiciste alguna enumeración de elementos? Si es así, ¿incluiste la puntuación correcta? ¡Verifica tu párrafo para asegurarte!

¡Recuerda!

Las comas de enumeración pueden ayudar a aclarar las oraciones confusas.

Ejemplo: Me encantan las galletas de azúcar, la mantequilla de maní y las galletas con chispas de chocolate.

NOMBRE: _____ **FECHA:** _____

Instrucciones: ¿Te gusta la comida que se sirve en los parques de diversiones? Escribe un párrafo de opinión que describa qué piensas sobre la comida de los parques de diversiones. Incluye detalles que respalden tu opinión.

_____

_____

_____

_____

_____

_____

_____

_____

_____

_____

_____

_____

_____

_____

NOMBRE: _____ FECHA: _____

Instrucciones: Coloca una marca de verificación junto a cada cubo de arena que más probablemente sea de una narración personal. Haz una X sobre cada cubo de arena que más probablemente no sea parte de una narración personal.

Cédric observaba mientras el dragón aliento de fuego volaba por el aire. . .

El último día de escuela, yo. . .

Salté de la nave espacial justo cuando el marciano. . .

El verano pasado fui de vacaciones a la Luna y. . .

El mejor día que pasé en el verano fue. . .

Mis vacaciones favoritas fueron el verano pasado cuando. . .

Un día, durante mi partido de la Liga infantil, me. . .

La fotosíntesis es cómo las plantas usan la energía del sol. . .

¡Refuerza tu aprendizaje! 🚀

Una **narración personal** cuenta una historia verdadera de tu vida. Usa palabras tales como *me*, *mi* y *yo*. Generalmente, se enfoca en un solo pequeño momento o evento de tu vida. Tiene una introducción, un desarrollo y un final. Incluye muchos detalles y descripciones. A veces, incluso tiene un diálogo.

NOMBRE: _____ **FECHA:** _____

Instrucciones: Lee el párrafo. Encierra frases que te ayuden a visualizar la historia y te hagan sentir que estás allí. Luego, responde la pregunta a continuación.

Era un caluroso día de julio. Mi mamá decidió llevarnos a mi hermana pequeña y a mí a una playa cercana para escapar del calor intenso. Ya habíamos estado en la playa muchas veces ese verano, pero esta vez sería diferente. Este viaje a la playa incluiría a nuestra gigantesca perra Midi. Es una terranova negra. Los terranovas están hechos para el agua. ¡Hasta tienen patas palmeadas! Sabíamos que a Midi le encantaría el océano. Llegamos a la playa y, para nuestra sorpresa, no estaba llena de gente. El estacionamiento parecía un pueblo fantasma. Los turistas deben haber pensado que estaba demasiado caluroso para estar al aire libre. Tan pronto como mi mamá abrió la parte trasera del automóvil, Midi salió de un salto. Meneaba la cola alocadamente como una bandera con vientos fuertes. No podía quedarse quieta, sin importar cuántas veces mi mamá le gritara: "¡Midi, siéntate!" Midi dirigió el camino, jalando a mi mamá por la arena abrasadora. Mi hermana y yo tuvimos que correr lo más rápido posible para mantener el ritmo y no quemarnos los pies. Mi hermana y yo corrimos directamente hacia el refrescante y fresco océano. Volteamos con la esperanza de que Midi nos alcanzara, pero la vimos cavando un profundo agujero en la arena. Cuando terminó de cavar, saltó dentro del gigantesco agujero y se enrolló en una compacta, pero gran bola. Pensé: "¿Qué está haciendo?". Corrí hacia ella. "¡Caray!, ¿no quieres ir a nadar, Midi?", le pregunté mientras intentaba arrastrar su gigantesco cuerpo peludo hacia el océano. No se movía. ¡Ese fue el día en que supimos que a nuestra enorme perra de agua le aterrorizaba el agua!

1. ¿Cómo sabes que esta es una narración personal?

_____

_____

Práctica para escribir en cursiva _abc_

Instrucciones: Usa letra cursiva para escribir tu actividad favorita para el verano.

_____

NOMBRE: _____ **FECHA:** _____

Instrucciones: Subraya la interjección de cada línea.

1. ¡Ese partido de béisbol fue increíble! ¡Fantástico!

2. Oh, hacia allá fue la pelota de playa.

3. Dios mío, esta piscina está llena de gente.

4. —¡Bravo! —grité—. ¡Me voy al campamento de verano!

5. Sí, esa es definitivamente una picadura de mosquito.

6. —Oye, ¿dónde fueron todos tus perros calientes? —preguntó.

7. No me perdí los fuegos artificiales. ¡Uf!

8. ¡Grrr! Perdí una de mis sandalias.

Instrucciones: Escribe dos oraciones que incluyan interjecciones.

9. _____

_____

10. _____

_____

¡Refuerza tu aprendizaje!

Las **interjecciones** expresan emociones tales como sorpresa, enojo, dolor, frustración o alegría. La mayoría de las interjecciones están enmarcadas por signos de exclamación, o bien, seguidas de una coma.

Ejemplo: ¡Ay! Me acabo de golpear el dedo gordo en la pasarela.

NOMBRE: _____ **FECHA:** _____

Instrucciones: Piensa en gramática y puntuación. Lee la lista de errores comunes que se encuentran en el texto. Luego, corrige los errores gramaticales que encuentres en cada oración.

Errores comunes que se encuentran en el texto

- palabras con errores de ortografía
- puntuación incorrecta o faltante
- errores de uso de mayúsculas
- comas fuera de lugar o faltantes

1. Quieres ir a la feria conmigo.

2. Me encanta comer, paletas elados y limonadas eladas en el verano.

3. debemos ir a atrapar luciérnagas esta noche!

4. Recién salen para buscar almenjas en la playa.

5. Sí me gusta acampar caminar y pescar.

6. Todo lo que quiero hacer es sentarme junto al océano y leer Los Juegos del Hambre.

7. Me encanta dormir la ciesta en una amaca?

8. Has estado en, florida.

¡Refuerza tu aprendizaje! 🚀

A veces, una buena forma de encontrar errores gramaticales es leer el texto desde abajo hacia arriba. Comienza con la última oración y sube poco a poco. De esta manera, te centrarás en la gramática y no en la trama o idea principal del texto.

NOMBRE: _____ **FECHA:** _____

Instrucciones: Vuelve a leer el párrafo. Piensa en lo que has aprendido esta semana. En otra hoja de papel, escribe una revisión del párrafo. Describe qué te gusta y qué no te gusta sobre la narración. Incluye sugerencias sobre cómo podría mejorar el párrafo el autor.

Era un caluroso día de julio. Mi mamá decidió llevarnos a mi hermana pequeña y a mí a una playa cercana para escapar del calor intenso. Ya habíamos estado en la playa muchas veces ese verano, pero esta vez sería diferente. Este viaje a la playa incluiría a nuestra gigantesca perra Midi. Es una terranova negra. Los terranovas están hechos para el agua. ¡Hasta tienen patas palmeadas! Sabíamos que a Midi le encantaría el océano. Llegamos a la playa y, para nuestra sorpresa, no estaba llena de gente. El estacionamiento parecía un pueblo fantasma. Los turistas deben haber pensado que estaba demasiado caluroso para estar al aire libre. Tan pronto como mi mamá abrió la parte trasera del automóvil, Midi salió de un salto. Meneaba la cola alocadamente como una bandera con vientos fuertes. No podía quedarse quieta, sin importar cuántas veces mi mamá le gritara: "¡Midi, siéntate!". Midi dirigió el camino, jalando a mi mamá por la arena abrasadora. Mi hermana y yo tuvimos que correr lo más rápido posible para mantener el ritmo y no quemarnos los pies. Mi hermana y yo corrimos directamente hacia el refrescante y fresco océano. Volteamos con la esperanza de que Midi nos alcanzara, pero la vimos cavando un profundo agujero en la arena. Cuando terminó de cavar, saltó dentro del gigantesco agujero y se enrolló en una compacta, pero gran bola. Pensé: "¿Qué está haciendo?". Corrí hacia ella. "¡Caray!, ¿no quieres ir a nadar, Midi?", le pregunté mientras intentaba arrastrar su gigantesco cuerpo peludo hacia el océano. No se movía. ¡Ese fue el día en que supimos que a nuestra enorme perra de agua le aterrorizaba el agua!

Esta semana, aprendí lo siguiente:

- las características de una narración personal
- cómo incluir interjecciones en mi escrito
- consejos de revisión como ayuda para encontrar errores gramaticales

NOMBRE: _____ **FECHA:** _____

Instrucciones: Piensa en tus vacaciones favoritas. ¿Cuál fue la parte favorita de tus vacaciones? Completa el organizador gráfico según tu respuesta.

Quién (personajes)

Cuándo y dónde (escenario)

Detalles sensoriales

Lo que pensé

Introducción

Desarrollo

Final

Borrador

Recuerdos de las vacaciones

Instrucciones: Redacta el borrador de una narración que describa tus vacaciones favoritas. Incluye detalles sobre dónde fuiste, con quién fuiste y las cosas que pasaron mientras estabas de viaje. Usa el organizador gráfico de la página 189 como ayuda.

_____

_____

_____

_____

_____

_____

_____

_____

_____

_____

_____

_____

¡Recuerda! ✍

Un párrafo narrativo sólido tiene las siguientes características:

- usa palabras tales como *me*, *yo* y *mi*

- es muy descriptivo e incluye muchos detalles sensoriales

- incluye una introducción, un desarrollo y un final

Práctica para escribir en cursiva *abc*

Instrucciones: Usa letra cursiva para escribir el destino de las vacaciones de tus sueños.

_____

NOMBRE: _____ FECHA: _____

Instrucciones: ¿En cuántas interjecciones puedes pensar? Enumérialas en el banco de interjecciones. Luego, usa interjecciones de la lista para completar las oraciones.

BANCO DE INTERJECCIONES

1. _____ , ¿puedes darme otra cucharada de helado?

2. _____ , olvidé mi guante de béisbol.

3. _____ , ¿viste la cola de esa ballena?

4. _____ , hay una araña gigantesca debajo de la mesa para picnic.

5. _____ , odio los malvaviscos quemados.

¡Hora de mejorar!

Repasa tu narración personal sobre el recuerdo de tus vacaciones favoritas de la página 190. ¿Incluiste alguna interjección? Si no es así, intenta revisar tu narración para incluir al menos una interjección y agregar más detalle y emoción.

Corrección

Recuerdos de las vacaciones

NOMBRE: _____ **FECHA:** _____

Instrucciones: Usa la lista de verificación como ayuda para revisar y corregir el párrafo.

Lista de verificación para la revisión

❏ Todas las palabras están escritas sin errores de ortografía.

❏ Cada oración termina con un punto o tiene los signos de interrogación o exclamación inicial y de cierre.

❏ Los sustantivos propios y la primera palabra de cada oración tienen mayúscula inicial.

❏ No hay comas fuera de lugar o faltantes.

❏ Las comillas se usaron correctamente.

¡Odio los gallos! Son ruidosos terroríficos e impredecibles. El verano pasado, mi familia y yo viajamos a hawái. Después de una larga caminata a través del exuberante, bosque tropikal tomé un descanso en el baño. El baño era una habitasión fría de concreto que parecía una celda de prición. Mientras me lavaba las manos, vi algo que se movía por el rabillo del ajo. ¡Era un gallo! "Huy. Qué hace esa cosa aquí!". Grité. Comencé a salir del baño, pero encontré tres gallos más que me miraban fijamente. Me bloqueaban la salida. ¡Ayuda! Grité lo más alto posible. "¡Estoy atrapado!". Después de una eturnidad, los enemigos enplumados encontraron su salida. Corrí afuera de la construcción y encontré a toda mi familia riendo histéricamente. más tarde ese día descubrí que mi papá había llevado esos gallos silvestres hasta el baño. Pensó que sería divertido. No me resultó gracioso entonces, ni tampoco me resulta gracioso ahora. Me voy a vengar de él. Oh sí me voy a vengar de él.

NOMBRE: _____ **FECHA:** _____

Instrucciones: Redacta una narración que describa tus vacaciones favoritas. Incluye detalles sobre dónde fuiste, con quién fuiste y las cosas que pasaron mientras estabas de viaje.

_____

_____

_____

_____

_____

_____

_____

_____

_____

_____

_____

_____

_____

_____

_____

CLAVE DE RESPUESTAS

The activity pages that do not have specific answers to them are not included in this answer key. Students' answers will vary on these activity pages, so check that students are staying on task.

Semana 1: Automóviles autónomos

Día 1 (page 14)

Students should draw a road connecting the first two signs in column one and the first sign in column two.

Día 2 (page 15)

Smiley faces: Hacía mucho frío en el inhabitado desierto de Nevada esa mañana de invierno, pero yo sudaba a mares; Las manos me temblaban como tiemblan las hojas por las ráfagas de viento; El lustroso volante cromado se inclinaba serenamente de un lado a otro como un columpio, pero nadie lo sujetaba; —Este automóvil es como una araña. ¡Tiene ojos en todas partes! —se rio el Sr. Cogs; —Algunas arañas pueden tener hasta 12 ojos. Este automóvil controlado por computadora tiene más de 100 sensores, cámaras y láseres diminutos que funcionan como ojos —anunció con orgullo el Sr. Cogs.

Día 3 (page 16)

1. metáfora
2. símil
3. símil
4. metáfora

Día 4 (page 17)

1. —Sr. Cogs, ¿cómo sabe cuándo detenerse y cuándo seguir? —pregunté. (regla 2)
2. —Este automóvil controlado por computadora tiene más de 100 sensores, cámaras y láseres diminutos que funcionan como ojos. (regla 3)
3. —Además, no veo ojos en esta cosa. (regla 1)

Semana 2: Viviendas inteligentes

Día 1 (page 19)

Possible answers include at least one piece of technology for each room in their smart home.

Día 4 (page 22)

1. Sr. Tech, ¿cómo supo que quería más leche?
2. Primero, le pido al Sr. Tech que me prepare la cena. Después, le ordeno que hornee el postre.
3. Puedo usar mi teléfono para controlar las persianas, las luces y la temperatura del aire.
4. Las comas se usan para separar tres o más elementos en una enumeración, excepto delante del último.
5. Las comas se usan después de ciertos conectores.
6. Las comas se usan cuando se dirige la palabra a alguien explícito.

Día 5 (page 23)

See Narrative Writing Rubric on page 210.

Semana 3: Caracoles cónicos

Día 1 (page 24)

explicar; datos; guías; informar; artículos de revista; noticias; motivos y ejemplos; informes de investigación

Día 2 (page 25)

"Se ve bonito" y "¡No lo levantes!"; "Pueden ser pequeños" y "Están entre los animales más peligrosos del planeta"; "Libera su ponzoña" y "Se esparcen las toxinas"; "La presa queda paralizada" y "No se puede mover para escapar"; "No existe antitoxina ni cura" y "Los médicos pueden ayudar a mantener a un paciente vivo hasta que la ponzoña se desvanezca".

Día 3 (page 26)

1. pero
2. o
3. así que
4. y

Día 4 (page 27)

1. ...salada, pero
2. ...año, y
3. ...cónicos, ya que
4. ...sin embargo, vivió
5. ...venenoso, así que

Día 5 (page 28)

Example answers:

1. Se ve bonito, **¡pero no** lo levantes!
2. Pueden ser pequeños, **pero están** entre los animales más peligrosos del planeta.
3. Libera su ponzoña **y se** esparcen las toxinas.
4. La presa queda paralizada **y no** se puede mover para escapar.
5. No existe antitoxina ni cura, **pero los** médicos pueden ayudar a mantener a un paciente vivo hasta que la ponzoña se desvanezca.

Semana 4: Pulpos de anillos azules

Día 1 (page 29)

Se encuentran en Japón y Australia; Su piel es de color gris, amarillo, o con anillos de color azul claro; Cuando estos animales se ven amenazados, los anillos de la piel se vuelven de un color azul intenso; Tienen aproximadamente el tamaño de una pelota de golf; Usan un veneno potente para paralizar a sus presas.

CLAVE DE RESPUESTAS *(cont.)*

Día 4 (page 32)

Example answers:

1. El pulpo de anillos azules es tímido, **pero** atacará si se siente amenazado.

2. La ponzoña ataca el sistema nervioso **y así** paraliza a la víctima.

3. No existe un contraveneno para la toxina, **aunque** los médicos pueden salvarte la vida.

4. Se encuentran en el océano, **pero** únicamente en Japón y Australia.

Día 5 (page 33)

See Informative/Explanatory Writing Rubric on page 209.

Semana 5: Yeti

Día 1 (page 34)

Los yetis son las criaturas más interesantes del mundo; Leer libros sobre los yetis es una actividad divertida; Los ojos de los yetis son aterradores; Los yetis tienen demasiado cabello; El monstruo del lago Ness es más interesante que el yeti.

Día 2 (page 35)

Example answers:

¡Yo sí creo! Creo que los yetis existen. Muchas personas han visto a estos monstruos míticos caminando por el Himalaya. También se han encontrado pisadas misteriosas en esa región montañosa. **Creo que esas pisadas pertenecen a los yetis.** Además, las personas han hablado de los yetis durante mucho tiempo. Los conocimientos sobre los yetis datan del año 326 a. C. En aquel entonces, Alejandro Magno le exigió a su pueblo que le trajeran un yeti. Desafortunadamente, no pudieron encontrar uno para su rey. **Creo que se debe a que los yetis son inteligentes.** Son buenos para esconderse y son cazadores astutos. Por eso, nadie ha capturado un yeti aún. **Además, creo que los yetis son tímidos.** No quieren que los descubran. No confían en los seres humanos. Esto explica por qué no los vemos muy a menudo. **Sin embargo, solo porque no los veamos, no significa que no existan. Debemos ser pacientes y estar atentos.** Entonces, tarde o temprano podremos interactuar con los yetis. **Creo que, si somos buenos con ellos, ellos serán buenos con nosotros. Creo firmemente que los yetis existen.**

Día 3 (page 36)

Example answers:

1. Las personas no deberían estar autorizadas a escalar el monte Everest.

Opinión: Creo que las personas no deberían estar autorizadas a escalar el monte Everest.

Motivo: Pienso que es peligroso y que la gente puede resultar herida.

2. Está bien cazar animales silvestres.

Opinión: Creo que la gente no debería cazar.

Motivo: Creo que es cruel y que habiendo suficiente comida no es necesario lastimar animales inocentes.

3. Los yetis sí existen.

Opinión: Creo que los yetis son fantasías.

Motivo: Pienso que los yetis no son reales porque jamás nadie ha tomado una verdadera fotografía de uno de ellos.

Día 4 (page 37)

Example answers:

En mi opinión, los yetis son aterradores. No sabemos mucho sobre ellos. **Sin embargo**, muchos yetis han aparecido en libros, películas y programas de televisión. Los yetis me asustan. **En primer lugar**, son muy grandes y tienen pies enormes. Están cubiertos de una cabellera desordenada y blanca. **Por otro lado**, tienen ojos de color rojo intenso. Los yetis ficticios son aterradores de otras maneras. **Específicamente**, tienen un modo de caminar extremadamente espeluznante. Sus largas extremidades se mueven pesadamente por el bosque. **Finalmente**, se muestran escenas de estos yetis donde generalmente lesionan a los seres humanos o a los animales. **Por lo tanto**, creo que los yetis son aterradores.

Día 5 (page 38)

Student answers will vary but may include such things as there is no clearly stated opinion in the beginning of the paragraph, there are no transitional words, and the organization could be improved, but the author does provide reasons for his opinion and includes details.

Semana 6: El monstruo del lago Ness

Día 3 (page 41)

Creo que hay un monstruo que se esconde en las profundidades del lago Ness. Underlined sentences will vary.

Día 5 (page 43)

See Opinion Writing Rubric on page 208.

CLAVE DE RESPUESTAS *(cont.)*

Semana 7: Casas embrujadas

Día 2 (page 45)
1. monstruos aterradores
2. miedo a la oscuridad
3. ruidos fuertes

Día 4 (page 47)
1. extremadamente
2. Considero
3. asustó
4. furioso
5. chilló
6. inmensa

Semana 8: Dulce o truco

Día 1 (page 49)
Example answers:

Pros: te diviertes con tus amigos, consigues dulces gratis, puedes disfrazarte

Cons: los dulces no son saludables, cuando es tarde, estar afuera puede ser peligroso, comer muchos dulces puede causar caries

Día 3 (page 51)
Example answers:
1. Eliminar frases repetitivas.
2. Combinar oraciones.
3. Eliminar sinónimos excesivos.

Salí a pedir dulces hasta la medianoche y quedé agotado.

Día 4 (page 52)
Example answers:

caramelo: dulce, golosina, chocolate
fiesta: reunión, juerga, festejo
noche: oscuridad, tinieblas, horas nocturnas
aterrador: tenebroso, espantoso, espeluznante
divertido: entretenido, ameno, placentero
frío: fresco, helado, gélido, congelado

Día 5 (page 53)
See Opinion Writing Rubric on page 208.

Semana 9: Campaña electoral

Día 1 (page 54)
Students should place a checkmark in front of these sentences:

Un candidato debe...; Hay dos partidos...; Los candidatos participan...; Los candidatos usan...; Cada cuatro años...; Los candidatos viajan...; Las Convenciones Nacionales...

Día 2 (page 55)
La tarea escolar es un trabajo difícil también; Creo que la de Matemática es la más difícil, pero imagino que no es tan difícil como hacer campaña; Me encanta Internet; Es sensacional ver lo que las estrellas del deporte y el cine dicen allí; Me gustan los televisores de pantalla plana; Creo que son fantásticos; También me gustan los televisores de 3D.

Día 3 (page 56)
Example answer:

El autor podría haber incluido información acerca de los dos partidos. Luego, podría haber aclarado qué es una elección primaria y cómo funciona. El autor podría haber explicado qué es recaudar fondos y podría haber definido "grupos de presión". Podría haber incluido ejemplos de "otras cosas" para las que se usa el dinero de la campaña. Finalmente, el autor podría haber especificado la fecha de las elecciones.

Día 4 (page 57)
1. El Congreso debe seguir las reglas de la **Constitución** de los Estados Unidos. (regla 5)
2. El **Monumento** a Lincoln se encuentra en Washington D. C. (regla 4)
3. El presidente Andrew Jackson también fue conocido como **"Viejo Nogal"** (regla 1).
4. ¿Sabías que el **presidente** Franklin Roosevelt ganó cuatro elecciones presidenciales consecutivas? (regla 2)
5. Barack Obama fue el primer **afroestadounidense** en convertirse en presidente de los Estados Unidos. (regla 3)

Día 5 (page 58)
Example answers:

El autor podría explicar por qué los candidatos deben conocer los sucesos actuales y la historia de Estados Unidos.

El autor podría incluir ejemplos de sucesos actuales o de la historia estadounidense que los candidatos deberían conocer para un debate.

El autor podría haber incluido ejemplos específicos de debates históricos.

El autor podría haberse apegado al tema y no hablar de béisbol.

El autor siempre debe usar mayúscula en "Estados Unidos".

CLAVE DE RESPUESTAS *(cont.)*

Semana 10: Votación

Día 1 (page 59)

Debes completar la papeleta cuidadosamente; Debes analizar a los candidatos y sus programas electorales; Dirígete a tu centro de votación y regístrate; Debes estar registrado para votar antes de que puedas votar en una elección; Emite tu voto introduciendo la papeleta en una urna electoral o apretando un botón en una máquina.

Día 4 (page 62)

1. **Todas** las personas mayores de 18 años que sean ciudadanos estadounidenses tienen el derecho a votar. **Eso** es lo que expresa la **Constitución** de los **Estados Unidos**. **Sin** embargo, año tras año, son muchas las personas que no votan, ¡ni siquiera para elegir al presidente!

2. **¿Sabías** que **Teddy Roosevelt** recibió un disparo durante la campaña electoral? Estaba dando su discurso cuando alguien le disparó en el pecho. **No** interrumpió su discurso, pero tampoco ganó las elecciones. **No** tuvo suficientes votos.

3. **Muchas** personas creen que **Hillary Clinton** fue la primera mujer que se postuló para ser presidente de los **Estados Unidos**, pero esto no es cierto. **La** primera mujer que lo hizo fue **Victoria Woodhull**. **Intentó** convertirse en presidente antes de que se aprobara la decimonovena enmienda. ¡**Eso** significa que las mujeres ni siquiera podían votar cuando **Woodhull** se postuló como presidente!

Día 5 (page 63)

See Informative/Explanatory Writing Rubric on page 209.

Semana 11: Campamentos en acantilados

Día 2 (page 65)

escabrosa, puntiaguda, siento remolinos, nudos de dolor, sentía preocupación, sonidos "clic, chas, clac", pesado, nerviosas, duras, ásperas, temblorosas, sudor que escurre por mis dedos, pasta lodosa, se me pega, escabroso, dolor, viento ensordecedor, azotaba, latidos del corazón, golpean furiosamente, diminutas partículas; crujiente y rasposo, ¡aj!, miedo, concentración, adormecida, exhausto, interminable acantilado.

Día 3 (page 66)

The idioms should be matched up as follows:

- en menos de lo que canta un gallo—de inmediato
- matar dos pájaros de un tiro—resolver simultáneamente dos problemas con una acción
- no hay mal que por bien no venga—ser optimista
- poner palos en la rueda—obstaculizar los planes para realizar algo
- no poner el burro detrás de la carreta—no hacer las cosas de modo ilógico
- cada muerte de obispo—ocurre con poca frecuencia
- la gota que derramó el vaso—el problema final de una serie de problemas
- echar leña al fuego—contribuir a que aumente el enojo de alguien o se agrave un problema

Día 4 (page 67)

1. ajustó
2. gritó
3. trepo
4. será
5. elegiré
6. presente
7. futuro
8. pasado
9. presente
10. pasado

Semana 12: Paracaidismo

Día 4 (page 72)

Caigo de lleno en el suelo como una tonelada de ladrillos. El aire sale de mis pulmones y me **recuesto** sobre la espalda. El colorido paracaídas **cae** elegantemente alrededor de mi cuerpo dolorido. **Recupero** el aliento mientras mis ojos se concentran lentamente en el avión a lo lejos en lo alto del cielo. Intento incorporarme, ¡pero estoy atrapado! Estoy enredado en un laberinto de cuerdas del paracaídas. Me **muevo** y giro durante unos segundos, pero ya no me queda energía. Me doy por vencido y dejo que mis músculos se relajen. Siento que la humedad del suelo comienza a mojar mi traje de salto. El césped **comienza** a provocar comezón en los dedos al mismo tiempo que un estornudo comienza a tomar forma en mi congestionada nariz. Miro hacia el resplandeciente cielo azul. Finalmente, me doy cuenta de lo que acabo de hacer. ¡**Salté** de un avión!

Día 5 (page 73)

See Narrative Writing Rubric on page 210.

CLAVE DE RESPUESTAS *(cont.)*

Semana 13: El explorador de Marte

Día 1 (page 74)

Personajes: Serena, Maestra Tan, Maestra Jemison, Sr. Manning

Escenario: Laboratorio de Propulsión a Reacción (JPL) en California

Problema: Serena no siente interés por el espacio, pero tiene que escribir un artículo periodístico sobre el explorador de Marte *Curiosity*.

Acontecimiento 1: Serena recorre el Laboratorio de Propulsión a Reacción con su maestra.

Acontecimiento 2: Serena visita la sala de control del explorador *Curiosity*.

Acontecimiento 3: Serena aprende sobre Marte y *Curiosity*.

Solución: Serena es testigo de un nuevo descubrimiento sobre Marte y comienza a sentir mucho interés por el espacio.

Día 2 (page 75)

—¡Te va a encantar este lugar, Serena! —<u>dijo</u> la maestra Jemison, patrocinadora del periódico escolar.

—No estoy segura, maestra J. El espacio me aburre —<u>dijo</u> la estudiante de quinto grado.

...

—Esta es nuestra sala de control de *Curiosity* —<u>dijo</u> la Sra. Tan.

—¡Llegaron justo a tiempo! —<u>dijo</u> el Sr. Manning, el ingeniero principal—. Acabamos de hacer un *enorme* descubrimiento. ¡Descubrimos que el planeta rojo es en realidad azul!

—¿A qué se refiere? —le preguntó Serena al Sr. Manning.

—Bueno, *Curiosity* taladró un agujero en la superficie de Marte. Estudió la muestra de suelo en su laboratorio integrado y nos envió los resultados. ¡El suelo es azul! —<u>dijo</u> el Sr. Manning.

—Entonces Marte es un planeta azul cubierto de polvo rojo! Qué grandioso es eso, ¿verdad? —comentó la Sra. Tan.

Serena observaba radiante.

—¡Es sensacional! Entonces, Sra. Tan, ¿cuáles son los requisitos para ser ingeniero?

Día 3 (page 76)

1. susurró
2. refunfuñó
3. chistó
4. rio nerviosamente

Día 4 (page 77)

1. —Curiosity cuenta con una lente de aumento integrada de alta potencia —explicó el ingeniero.
2. Pregunté:
   —¿El explorador funciona con baterías?
3. El comandante gritó:
   —¡El explorador ha aterrizado en Marte!
4. —¿Enviarán más exploradores al planeta? —pregunté.
5. Le pregunté al ingeniero:
   —¿Cuál era tu materia preferida en la escuela?
6. El chico se quejó:
   —No quiero salir del museo del espacio.
7. El astronauta dijo por la radio:
   —Houston, tenemos un problema.

Semana 14: La nave espacial *Orion*

Día 3 (page 81)

Possible synonyms include: comentó, susurró, explicó, gritó, balbuceó, expresó.

Día 4 (page 82)

1. —Sally, ¡falta poco para llegar! Ven rápido a ver —gritó Marco.
2. Sally chilló:
   —**¡Es** tan emocionante! Solo 264 días más tarde, ¡y allí está!
3. —Es increíble todo el polvo que estamos removiendo —declaró Marco.
4. —El equipo de aterrizaje está preparado, ¿verdad? —preguntó Sally un poco preocupada.
5. Marco verificó la pantalla y respondió:
   —Sí, estamos listos para el aterrizaje.
6. —¡Oh, no! ¿Qué es ese sonido? —lloriqueó Sally.
7. Marco gritó:
   —**¡Es** una alarma! Hay un cráter en nuestra zona de aterrizaje.
8. —¡No entres en pánico! Sé cómo solucionar esto —afirmó Sally serenamente.
9. —¡Lo lograste! ¡La alarma se detuvo! ¡Buen trabajo, Sally! —festejó Marco.
10. Sally proclamó con orgullo:
    —No, ¡ambos lo logramos! ¡Acabamos de aterrizar en Marte!

Día 5 (page 83)

See Narrative Writing Rubric on page 210.

CLAVE DE RESPUESTAS *(cont.)*

Semana 15: La Atlántida

Día 1 (page 84)

This quotation should have a check mark: "... hubo violentos terremotos e inundaciones, y de la noche a la mañana... la isla de la Atlántida quedó sumergida en el mar y desapareció..." (Platón, *Timeo*).

Día 4 (page 87)

1. ¿Alguna vez has visto la película animada <u>Viaje a la Atlántida</u>?
2. El diseño de portada del libro de Christina Balit, <u>Atlántida: La leyenda de una ciudad perdida</u>, es hermoso.
3. Si alguna vez escribo un libro sobre la Atlántida, incluiré un capítulo llamado "Oro en abundancia".
4. "Amor en la Atlántida" es un poema sobre encontrar el amor en la civilización antigua.
5. Mi maestra me pidió que escribiera una historia breve sobre la Atlántida, así que escribí "La búsqueda de la ciudad sumergida".
6. El libro <u>El surgimiento de la Atlántida</u> debe subrayarse en lugar de escribirse entre comillas.

Semana 16: Amelia Earhart

Día 1 (page 89)

Amelia Earhart desapareció en 1937, mientras volaba alrededor del mundo; Earhart fue la decimosexta mujer en recibir una licencia de piloto de avión; Estados Unidos gastó $4 millones en tratar de encontrar a Earhart después de que su avión desapareció; Earhart asistió a diversas escuelas de aviación.

Día 4 (page 92)

1. ir subrayado
2. ir entre comillas
3. ir entre comillas
4. ir subrayado
5. ir entre comillas
6. ir subrayado
7. ir entre comillas

Día 5 (page 93)

See Informative/Explanatory Writing Rubric on page 209.

Semana 17: Nutrición

Día 1 (page 94)

Expresa tu opinión claramente en la primera oración; Respalda tu opinión con motivos; Respalda tus motivos con detalles y ejemplos; Vuelve a expresar tu opinión en la oración final.

Día 2 (page 95)

1. Los niños pequeños solo deben comer alimentos saludables.
2. Ayuda a mantener a los niños saludables, desarrollo del cerebro, buenos hábitos alimenticios.

Día 3 (page 96)

- Los conectores ayudan a brindar motivos: por un lado, primero, para empezar, lo que es más importante, en segundo lugar, a continuación, por otro lado.
- Los conectores ayudan a brindar ejemplos y detalles: por ejemplo, específicamente, en otras palabras, además, asimismo, particularmente.
- Los conectores dan un indicio de la conclusión: en conclusión, finalmente, en resumen.

Día 4 (page 97)

Horizontal		Vertical	
1.	huesos	5.	diabetes
2.	frutas	6.	sobrepeso
3.	verduras	7.	vitaminas
4.	caries	8.	corazón

Día 5 (page 98)

...**Por ejemplo,** los alimentos saludables brindan energía a los niños para que puedan hacer ejercicio y practicar deportes. **Adicionalmente**, los niños tendrán un sistema inmunitario más fuerte y, por lo tanto, no se enfermarán con tanta **frequencia**. Estarán mejor preparados para luchar contra infecciones como el resfriado común. Existen menos probabilidades de que los niños sufran de **diabetes** y de enfermedades cardíacas si consumen alimentos saludables. **De hecho,** incluso tendrán dientes más saludables porque es posible que tengan menos **caries**. Otro beneficio de seguir una dieta saludable para los niños es el desarrollo del **cerebro**. Los estudios revelan que los niños que se alimentan de proteínas saludables, como los huevos, pueden **concentrarse** mejor. Los alimentos de hojas verdes, como la espinaca y la col rizada, son ricos en vitaminas y pueden contribuir con el crecimiento de nuevas células cerebrales. **Además,** los niños pueden mejorar sus habilidades de memoria consumiendo alimentos bajos en azúcar y altos en fibra, como la coliflor. **Por último,** los niños que consumen alimentos saludables crean buenos hábitos alimenticios. Es más probable que elijan frutas y verduras en lugar de bocadillos dulces a medida que crecen. Los hábitos saludables los acompañan a medida que crecen. Los alimentos **nutricionales** ayudarán a los niños a ser adultos más fuertes y saludables....

CLAVE DE RESPUESTAS *(cont.)*

Semana 18: Ejercicio

Día 1 (page 99)

Example answers: correr, trotar, caminar, caminata rápida, levantamiento de peso, fútbol, fútbol americano, natación, baile, yoga, abdominales, lagartijas, tablas, *cross-fit*, boxeo, bicicleta, remo.

Día 3 (page 101)

1. **En primer lugar**—indica orden
2. **Además**—amplía una idea
3. **Por ejemplo**—provee un ejemplo
4. **En conclusión**—provee orden

Día 4 (page 102)

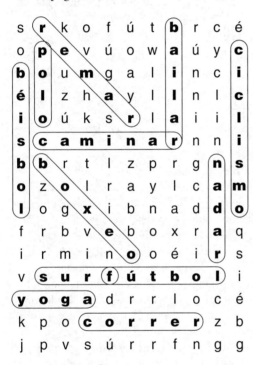

Día 5 (page 103)

See Narrative Writing Rubric on page 210.

Semana 19: Boicot de autobuses de Montgomery

Día 3 (page 106)

- **E.** activista
- **D.** boicot
- **A.** desobediencia civil
- **H.** derechos civiles
- **I.** sin segregación
- **C.** ilegal
- **F.** integrado
- **G.** protestar
- **B.** segregación

Día 4 (page 107)

1. Corte Suprema
2. afroamericanos; sentada pacífica; Woolworth
3. Washington
4. Dr.; Jr.; Premio Nobel; Paz; derechos civiles
5. presidente; Arkansas; integración; escuela secundaria Little Rock Central

Día 5 (page 108)

Capitalization corrections (in order): diciembre, boicot, Montgomery, ley, Parks, ley, boicot, boicot, boicot, Corte, ilegal, ley, Parks.

Semana 20: Marcha sobre Washington

Día 3 (page 111)

All pictures will vary.

discriminar—tratar de manera injusta por motivos raciales

igualdad—el estado de ser iguales

discurso—uso de palabras habladas para expresar pensamientos frente a un grupo de personas

tolerancia—simpatía y aceptación de hábitos, sentimientos o creencias que son distintos a los propios

unidad—la cualidad de ser uno

Día 4 (page 112)

Example answers:

protesta—Marcha sobre Washington

activista—A. Philip Randolph

homenaje—Monumento a Lincoln

monumento—Monumento a Washington

líder—Dr. Martin Luther King Jr.

presidente—presidente John F. Kennedy

lugar—entre el Monumento a Washington y el Monumento a Lincoln

mes—agosto

país—Estados Unidos de América

Día 5 (page 113)

See Informative/Explanatory Writing Rubric on page 209.

CLAVE DE RESPUESTAS *(cont.)*

Semana 21: George Washington

Día 1 (page 114)

Opiniones: Washington fue un héroe para muchos estadounidenses; Washington fue el mejor presidente que los Estados Unidos haya tenido jamás; Washington tomó muchas decisiones erróneas como comandante del Ejército Continental; Washington era un hombre apuesto y un excelente líder.

Datos: Washington vivía en Mount Vernon con su esposa, Martha; Washington fue elegido como primer presidente de los Estados Unidos; Washington era parte del Congreso Continental; Washington se convirtió en topógrafo cuando tenía 16 años.

Día 2 (page 115)

George Washington fue un excelente líder. **Fue** elegido primer presidente de los Estados Unidos en 1789. Se tomó el trabajo muy en serio. Washington era habilidoso e inteligente. **Ayudó** a que el joven país se **fortaleciera**. Definió las diferentes funciones del presidente, muchas de las cuales aún existen. Washington **hizo** un trabajo tan bueno como presidente que fue reelecto en 1793.

...

También **ayudó** a redactar la Constitución. Washington también **fue** un líder grandioso en la Revolución estadounidense. Fue nombrado comandante del Ejército Continental en 1775. Durante la guerra con Gran Bretaña, **entrenó** a sus hombres y fortaleció su ejército. Washington **confiaba** en la experiencia. Tomó decisiones inteligentes durante la larga guerra y ganó muchas batallas. En 1781, Gran Bretaña se rindió. Washington **lideró** a los Estados Unidos hacia la victoria y la independencia. George Washington **es** conocido como "el padre de nuestro país" porque fue un gran líder.

Día 3 (page 116)

- además: asimismo, también, igualmente
- valiente: valeroso, intrépido, atrevido, osado
- crear: fundar, establecer, inventar, instituir
- grandioso: imponente, majestuoso, soberbio, admirable
- ayudar: hacer posible, cooperar, asistir, apoyar, colaborar
- importante: valioso, fundamental, sustancial, notable
- líder: jefe, cabeza, caudillo
- respetar: venerar, acatar, reverenciar
- inteligente: listo, perspicaz, ingenioso, sagaz
- fuerte: sólido, resistente, robusto, vigoroso, firme, forzudo

Día 4 (page 117)

1. George se casó con Martha y **vivieron** en Mount Vernon.
2. Washington participó del Primer Congreso Continental, el cual **decidió** que las colonias dejarían de comprar suministros a Gran Bretaña.
5. Washington engañó a Cornwallis al fingir que su ejército **estaba** acampando en el norte.
6. Washington **creía** que el país tenía que contar con un gobierno fuerte para ser poderoso.
7. En una ocasión, Washington se **enojó** con el Congreso porque se tomaron mucho tiempo para aprobar leyes.

Día 5 (page 118)

Students' notes may include organizing the paragraph in chronological order and fixing the incorrect verb tenses.

Semana 22: Abraham Lincoln

Día 3 (page 121)

1. apreciaba
2. inteligente
3. creía
4. breve
5. dolidos

Día 4 (page 122)

1. B
2. A
3. R
4. B
5. A

Adivinanza: barba

Día 5 (page 123)

See Opinion Writing Rubric on page 208.

Semana 23: Lois Lowry

Día 1 (page 124)

Lowry siempre había querido ser escritora; La primera novela de Lowry, *Un verano para morir*, fue publicada en 1977; El nombre real de Lowry es Cena Ericson Hammersberg, pero se lo cambiaron por el de Lois Ann al poco tiempo de nacer; Cuando tenía 13 años, el padre de Lowry le regaló una máquina de escribir; La novela de Lowry *El dador* está contada desde el punto de vista de Jonas, un niño de 11 años.

Student answers will vary, but students should note that they did not place check marks next to the sentences that stated opinions.

CLAVE DE RESPUESTAS *(cont.)*

Día 3 (page 126)

Ese mismo año, Lowry conoció al famoso escritor Stephen King; Han sido amigos desde entonces; King ha vendido más de 350 millones de libros; La medalla lleva el nombre del editor británico del siglo XIX, John Newbery; Todos los años, se entrega al mejor libro para niños de Estados Unidos.

Students should explain that they deleted the sentences about Stephen King and John Newbery because they were off topic and contained unnecessary information.

Día 4 (page 127)

1. y
2. o
3. entonces
4. antes que
5. ni
6. sino

Día 5 (page 128)

ni/ni; no solo, sino; cuanto más, más

Semana 24: J. K. Rowling

Día 1 (page 129)

Students may organize facts in categories: Primeros años, Comienzo de su carrera, Luego de la publicación del primer libro de Harry Potter.

Día 3 (page 131)

Jane Austen es una de sus escritoras favoritas; Ha ganado más de $1,000 millones por la serie Harry Potter; Tiene tres hijos: Jessica, David y Mackenzie; Ha escrito algunos libros para adultos.

Día 4 (page 132)

1. Prefiero/antes que
2. Ni/ni
3. si/entonces
4. no solo, sino
5. tanto/como
6. o bien, o bien

Día 5 (page 133)

See Informative/Explanatory Writing Rubric on page 209.

Semana 25: Olas de calor

Día 1 (page 134)

achicharrante, abrasador, infernal, calcinante, seco, caluroso, húmedo, vaporoso, pegajoso, sudoroso

Día 2 (page 135)

Anoche verifiqué en mi aplicación el pronóstico del tiempo para hoy.... Cuando salí por la puerta del frente, sentí como si estuviera entrando en un horno. La fresca brisa del aire acondicionado de mi casa me empujaba, como una mano helada, hacia el **calor sofocante**. El aire tenía **sabor seco y rancio**. Tosí. Los **ojos me picaban por el deslumbrante resplandor** del sol. Parpadeé dos veces, para darles tiempo a que se adapten. **Podía sentir cómo se me formaban gotas de sudor en la frente** y bajaban por la sien. Cerré la puerta detrás de mí. Cuando envolvía la mano alrededor de la manilla de la puerta, **pude sentir cómo me ardía la carne de la palma de la mano al tocar el metal calcinante**. Grité **de dolor** y me quejé en voz alta: "¡Son solo las 8 a. m.! ¿Cómo puede hacer tanto calor a esta hora?". Tuve que caminar una milla para llegar a la piscina comunitaria. El solo pensar en saltar dentro de esa **fresca agua helada** me impulsaba a seguir adelante. Me sentía como un nómada cruzando un desierto urbano. Con cada paso lento que daba, **una nueva capa de sudor brotaba de mi cuerpo**. ¿Llegaría hasta la piscina?

Día 3 (page 136)

1. lágrimas y sudor (metáfora)
2. Yo[me] y cono de helado derretido (símil)
3. piscina y zoológico (metáfora)
4. pies y huevos fritos (símil)
5. lugar y sauna (metáfora)
6. asfalto y lava (símil)
7. automóvil e incinerador (metáfora)

Día 4 (page 137)

1. Está demasiado caluroso afuera; no puedo salir de la casa hoy.
2. El calor era horrible; apenas podía respirar.
3. Estaba sufriendo debido al agotamiento por el calor; me sentía mareado y adolorido.
4. Estaba increíblemente sediento; tomé una botella entera de agua en diez segundos.
5. Hacía mucho calor en el restaurante; tuve que usar un ventilador para refrescarme.

CLAVE DE RESPUESTAS *(cont.)*

Semana 26: Ventiscas

Día 3 (page 141)

Example answers:

1. Soy tan valiente como un león.
2. Estoy tan frío como el hielo.
3. La vida es como una montaña rusa.
4. Comes como un pajarito.
5. La nieve era un manto blanco sobre las colinas.
6. El meteorólogo es una gallina.
7. Las nubes son bolas de algodón.
8. Las estrellas son diamantes brillantes.

Día 4 (page 142)

1. Me estaba congelando, así que pedí chocolate caliente.
2. Ya que no puedes ir a esquiar, ¿quieres mirar televisión conmigo?
3. Es difícil ver hacia afuera de la ventana; hay demasiada nieve.
4. Necesito llevar el perro a pasear, pero no ha parado de nevar.
5. He paleado nieve por horas; estoy cansado e irritado.
6. Si cubro las plantas esta noche, no se helarán.

Día 5 (page 143)

See Narrative Writing Rubric on page 210.

Semana 27: Robert Frost

Día 1 (page 144)

1. informar
2. entretener
3. persuadir
4. persuadir
5. entretener
6. entretener
7. informar
8. persuadir
9. informar
10. persuadir

Día 2 (page 145)

Example answer:

El propósito del autor es persuadir al lector de leer el poema de Robert Frost. El autor brinda tres razones por las cuales leer el poema: utiliza palabras sencillas y rimas, tiene líneas poderosas en el final y tiene múltiples significados que vale la pena descubrir.

Día 3 (page 146)

Student answers will vary for questions 1–4, but may include:

1. fantasioso: realista, práctico, aburrido
2. complejo: simple, fácil, sencillo
3. monótono: entretenido, diferente, variado, divertido
4. fascinante: aburrido, desagradable, tedioso
5. C. amateur
6. D. vacilante
7. A. pesimista
8. B. sencillo

Día 4 (page 147)

1. ¿Leíste alguna vez el poema "El camino no elegido"? ¡Deberías!
2. ¿Sabías que Robert **Frost** es mi **poeta** favorito?
3. "El **camino no elegido**" es uno de los poemas más populares de Robert Frost.
4. La **poesía** me parece difícil de comprender a veces, pero igualmente me encanta.
5. ¡Oh, no! No puedo encontrar mi libro favorito de **poemas**. ¡Ayuda!
6. ¿Qué otros poetas te gustan aparte de Robert Frost?
7. El poema de Frost titulado "**La** libertad de la luna" es mi nuevo favorito.
8. A **Frost** le tomó más de 20 **años** convertirse en un **poeta** exitoso.

Día 5 (page 148)

1. Student underlines will vary.
2. Student responses will vary but should include specific details as to what the author could have done differently to make his or her opinion more persuasive.

Semana 28: Emily Dickinson

Día 3 (page 151)

muy pocas veces—frecuentemente

pacífico—violento

cambiante—monótono

emocionante—aburrido

numeroso—pocos

inmenso—minúsculo

privar de—proporcionar

absurdo—razonable

CLAVE DE RESPUESTAS *(cont.)*

Día 4 (page 152)

Emily Dickinson nació el 10 de diciembre de 1830. Creció en **Amherst**, Massachusetts. Cuando niña, Dickinson disfrutaba de caminatas en la naturaleza, coleccionaba flores y las prensaba en **libros**. Pasaba mucho tiempo en el jardín de su familia, cuidando las flores. Dickinson también iba a las actividades y bailes de la iglesia. Pero una de sus actividades más queridas era escribir poesía. **D**ickinson comenzó a escribir poemas desde una edad temprana. Sin embargo, rara vez compartía sus poemas con alguien. Dickinson era terriblemente tímida. A medida que crecía, **se** tornaba todavía más tímida y retraída. Aunque muy pocas veces salía de su casa, la imaginación de Dickinson le proporcionó toneladas de ideas para su **poesía**. Después de que Dickinson murió a los 55 años de edad, su hermana encontró un cajón lleno de trabajos de Dickinson. ¡Ella había escrito más de 1,700 poemas! ¿Te imaginas escribir todos esos poemas**?**

Día 5 (page 153)

See Opinion Writing Rubric on page 208.

Semana 29: Reciclaje

Día 1 (page 154)

Example answer:
1. La descripción de Lizzie es mejor porque es más detallada y vívida. Cuenta mucho sobre ella, lo que haría más fácil escribir una historia acerca de ella.

Día 3 (page 156)
1. No todo lo que brilla es oro.
2. La práctica hace al maestro.
3. Nada mejor que estar en casa.
4. De tal palo, tal astilla.
5. Más vale prevenir que curar.
6. Ojos que no ven, corazón que no siente.
7. Donde entra el sol, no entra el doctor.
8. La honestidad es la mejor política.

Día 4 (page 157)
1. De hecho, reciclo la mayor cantidad de elementos que puedo.
2. Aunque recordó reciclar las latas de aluminio, olvidó reciclar las bolsas de plástico.
3. Como la bolsa tenía un agujero, todas las botellas de plástico se cayeron.
4. Antes de poder ir al centro de reciclaje, tuve que recargar mi automóvil eléctrico.
5. Si reciclas latas de aluminio, debes lavarlas para que queden limpias.
6. Sí, el centro de reciclaje está justo a la vuelta de la esquina.
7. Mientras esperaba en la fila, se rompió la máquina de reciclaje.
8. Samuel, ¿quieres ir al centro de reciclaje conmigo?

Día 5 (page 158)

Example answers:

Lizzie entró **lentamente** a la cafetería de la escuela. Traía un gigante contenedor azul detrás.

—Oye, Lizzie, ¿esa es tu lonchera? —bromeó Leo **burlonamente**.

—No, no lo es. Y técnicamente es un contenedor. Espero que todos los estudiantes arrojen sus latas y botellas aquí, en lugar de botarlas en la basura —respondió Lizzie con seguridad.

—Atareada Lizzie, siempre tratando de ahorrar a la Tierra una botella de plástico por vez —se burló Leo, mientras daba palmaditas a Lizzie **repetidamente** en la cabeza. La mesa cercana, llena de niños de quinto grado, se rió de la broma de Leo.

—Dejando las bromas de lado, si no comenzamos a reciclar más, pronto estaremos viviendo en pilas de montículos de basura —afirmó Lizzie, con su voz más seria—. Sería grandioso si todos pudieran comenzar a reciclar aquí y en sus casas.

—Algunos de nosotros estamos demasiado ocupados con la práctica de baloncesto como para salvar el planeta, Lizzie —dijo Leo en su voz más seria (para burlarse de ella).

—Bueno, debo ir a clase. Nos vemos más tarde, Leo.

—¿Por qué tan temprano? Todavía no termina el almuerzo —preguntó Leo **insistentemente**.

—Oh, tú sabes, ¡a quien madruga, Dios lo ayuda! —gritó Lizzie, mientras se iba de la cafetería.

Leo no podía imaginarse que un reportero de un noticiero local esperaba a Lizzie en el salón de clases. Iban a presentarla en las noticias de la noche por sus esfuerzos para salvar el planeta.

CLAVE DE RESPUESTAS *(cont.)*

Semana 30: Ahorro de energía

Día 4 (page 162)

1. I; Aunque es una buena idea dejar tu computadora en suspensión, ahorrarías más energía si la apagaras.
2. I; Decidida a ahorrar más energía, compré más aparatos modernos.
3. C
4. I; Franklin, ¿cómo te están funcionando esas nuevas bombillas?
5. C
6. I; Sí, creo que es extremadamente importante ahorrar energía.
7. C
8. C

Día 5 (page 163)

See Narrative Writing Rubric on page 210.

Semana 31: Tsunamis

Día 1 (page 164)

1. No
2. Sí
3. Sí
4. No
5. Sí

Día 2 (page 165)

1. Incluye datos y palabras de contenido. También hay un gráfico.

Día 3 (page 166)

corazón, ensayo, estrellas, tsunami, terremotos, científicos, multiplicación, ecosistema, clima, estados, volumen, horizonte

Día 4 (page 167)

1. tsunami
2. placas tectónicas
3. inundación
4. océano
5. volcán
6. asteroide
7. terremoto
8. costa

Correct: sismógrafo, Hawái, longitud de onda, destrucción

Día 5 (page 168)

Science-related words: océano; Tierra; tsunamis; terremotos, continentes, placas tectónicas, corteza terrestre, suelo oceánico, volcánicas, meteoros

1. continentes
2. tectónicas
3. corteza
4. manto
5. terremotos
6. oceánico
7. olas
8. poderosas
9. científicos
10. tsunamis

Semana 32: Avalanchas

Día 1 (page 169)

Las avalanchas son...
La palabra *avalancha* significa...
El paso de las avalanchas...
Los ruidos fuertes...
Muchas avalanchas ocurren...
Las avalanchas avanzan...
Los perros de rescate...
Las avalanchas ocurren...
Muchas cosas pueden causar...
Hay dos tipos principales...
Las personas pueden iniciar...
Hay varias formas...

Día 3 (page 171)

1. denso
2. placa
3. vegetación
4. fractura
5. nieve acumulada
6. terreno
7. pendiente
8. tormenta
9. fuerte helada
10. peligro

Día 4 (page 172)

1. pendiente
2. terreno
3. fractura
4. vegetación
5. nieve acumulada
6. peligro
7. denso
8. fuerte helada

Día 5 (page 173)

See Informative/Explanatory Writing Rubric on page 209.

CLAVE DE RESPUESTAS *(cont.)*

Semana 33: Atracciones

Día 1 (page 174)

Nuevos medicamentos para dolores de cabeza
médicos

Fotosíntesis
estudiantes de ciencia

Huevos verdes con jamón
niños

Enseñanzas de la Revolución estadounidense
profesores de historia

Manual de reparación de motores de automóviles
mecánicos de automóviles

Guía para Hawái
turistas

Cómo entrenar para una maratón
corredores

Día 3 (page 176)

1. millones de años
2. tonelada de atracciones
3. Me muero
4. más lento que una tortuga
5. En un abrir y cerrar de ojos
6. era interminable
7. la mejor idea que nadie haya tenido nunca
8. manojo de nervios

Día 4 (page 177)

1. Asustado, mareado y con náuseas es como me sentí después de subir a esa atracción.
2. La próxima vez que venga, necesito usar zapatos cómodos, un reloj y una chaqueta.
3. No puedo decidir si beber agua helada, jugo o una limonada helada.
4. Fue un largo día de comer, subir a las atracciones y esperar en las filas.
5. Este lugar está más lleno de gente que el centro comercial, el museo y el aeropuerto.
6. No puedo decidir si la atracción del tronco, las sillas voladoras o la montaña rusa fue mi atracción favorita.
7. Mi hermana, mi hermano, mi mamá y mi papá me acompañaron al parque de diversiones.
8. ¿Cuál te gusta más: el parque de diversiones, la playa, el parque acuático o el zoológico?

Semana 34: Comida

Día 1 (page 179)

Formal: un ensayo para tu maestro, una carta al presidente de los Estados Unidos, un mensaje de correo electrónico para el director de tu escuela, una petición al alcalde

Informal: un mensaje de texto a tu mejor amigo, una postal a tu primo, una nota para tus padres, una historia para tus abuelos

1. formal
2. informal

Día 3 (page 181)

Example answers:

1. Me tomará mucho tiempo terminar estas palomitas de maíz.
2. Tengo mucha hambre y realmente quiero comer.
3. Puedo oler churros desde lejos.
4. Me tomó siglos terminar mi cena.
5. El plato de pasta pesaba una tonelada.

Día 5 (page 183)

See Opinion Writing Rubric on page 208.

Semana 35: Actividades de verano

Día 1 (page 184)

El último día de escuela, yo. . .

Un día, durante mi partido de la Liga infantil, me. . .

El mejor día que pasé en el verano fue. . .

Mis vacaciones favoritas fueron el verano pasado cuando. . .

Día 2 (page 185)

Example answer: Es una narración personal porque es una historia verdadera acerca de un acontecimiento en la vida de alguien. El autor usa palabras como *yo* y *mi* e incluye muchas descripciones, detalles y diálogo.

Día 3 (page 186)

1. ¡Fantástico!
2. Oh
3. Dios mío
4. ¡Bravo!
5. Sí
6. Oye
7. ¡Uf!
8. ¡Grrr!

CLAVE DE RESPUESTAS *(cont.)*

Día 4 (page 187)

1. ¿Quieres ir a la feria conmigo**?**
2. Me encanta **comer paletas heladas** y limonadas **heladas** en el verano.
3. **¡D**ebemos ir a atrapar luciérnagas esta noche!
4. Recién salen para buscar **almejas** en la playa.
5. Sí**,** me gusta acampar**,** caminar y pescar.
6. Todo lo que quiero hacer es sentarme junto al océano y leer <u>Los juegos del h</u>ambre.
7. ¡Me encanta dormir la **siesta** en una **hamaca!**
8. **¿**Has estado **en Florida?**

Semana 36: Recuerdos de las vacaciones

Día 3 (page 191)

Example answers: oye, ey, rayos, caray, santo cielo

Día 4 (page 192)

¡Odio los gallos! Son ruidosos, terroríficos e impredecibles. El verano pasado, mi familia y yo viajamos a **Hawái**. Después de una larga caminata a través del **exuberante bosque tropical,** tomé un descanso en el baño. El baño era una **habitación** fría de concreto que parecía una celda de **prisión**. Mientras me lavaba las manos, vi algo que se movía por el rabillo del **ojo**. ¡Era un gallo! "**¡**Huy**!** ¡Qué hace esa cosa aquí!"**,** **grité**. Comencé a salir del baño, pero encontré tres gallos más, que me miraban fijamente. Me bloqueaban la salida. "¡Ayuda! **—g**rité lo más alto posible—**.** ¡Estoy atrapado!". Después de una eternidad, los enemigos emplumados encontraron su salida. Corrí afuera de la construcción y encontré a toda mi familia riendo histéricamente. **Más** tarde ese día**,** descubrí que mi papá había llevado esos gallos silvestres hasta el baño. Pensó que sería divertido. No me resultó gracioso entonces, ni tampoco me resulta gracioso ahora. Me voy a vengar de él. **¡Oh, sí!,** me voy a vengar de él.

Día 5 (page 193)

See Narrative Writing Rubric on page 210.

OPINION WRITING RUBRIC

Directions: Evaluate students' work in each category by circling one number in each row. Students have opportunities to score up to five points in each row and up to 15 points total.

	Exceptional Writing	Quality Writing	Developing Writing
Focus and Organization	Clearly states an opinion that is relevant to the topic. Demonstrates clear understanding of the intended audience and purpose of the piece. Organizes ideas in a purposeful way and includes an introduction, a detailed body, and a conclusion.	States an opinion that is relevant to the topic. Demonstrates some understanding of the intended audience and purpose of the piece. Organizes ideas and includes an introduction, a body, and a conclusion.	States an unclear opinion that is not fully relevant to the topic. Demonstrates little understanding of the intended audience or purpose of the piece. Does not include an introduction, a body, or a conclusion.
Points	5 4	3 2	1 0
Written Expression	Uses descriptive and precise language with clarity and intention. Maintains a consistent voice and uses an appropriate tone that supports meaning. Uses multiple sentence types and transitions smoothly between ideas.	Uses a broad vocabulary. Maintains a consistent voice and supports a tone and feeling through language. Varies sentence length and word choices.	Uses a limited or an unvaried vocabulary. Provides an inconsistent or a weak voice and tone. Provides little to no variation in sentence type and length.
Points	5 4	3 2	1 0
Language Conventions	Capitalizes, punctuates, and spells accurately. Demonstrates complete thoughts within sentences, with accurate subject-verb agreement. Uses paragraphs appropriately and with clear purpose.	Capitalizes, punctuates, and spells accurately. Demonstrates complete thoughts within sentences and appropriate grammar. Paragraphs are properly divided and supported.	Incorrectly capitalizes, punctuates, and spells. Uses fragmented or run-on sentences. Utilizes poor grammar overall. Paragraphs are poorly divided and developed.
Points	5 4	3 2	1 0

Total Points: _____

INFORMATIVE/EXPLANATORY WRITING RUBRIC

Directions: Evaluate students' work in each category by circling one number in each row. Students have opportunities to score up to five points in each row and up to 15 points total.

	Exceptional Writing	Quality Writing	Developing Writing
Focus and Organization	Clearly states the topic and purposefully develops it throughout the writing. Demonstrates clear understanding of the intended audience and purpose of the piece. Organizes the information into a well-supported introduction, body, and conclusion.	States the topic and develops it throughout the writing. Demonstrates some understanding of the intended audience and purpose of the piece. Organizes the information into an introduction, body, and conclusion.	Does not state the topic and/or develop it throughout the writing. Demonstrates little understanding of the intended audience or purpose of the piece. Fails to organize the information into an introduction, body, or conclusion.
Points	5　　　　　4	3　　　　　2	1　　　　　0
Written Expression	Uses descriptive and precise language with clarity and intention. Maintains a consistent voice and uses an appropriate tone that supports meaning. Uses multiple sentence types and transitions smoothly between ideas.	Uses a broad vocabulary. Maintains a consistent voice and supports a tone and feeling through language. Varies sentence length and word choices.	Uses a limited or an unvaried vocabulary. Provides an inconsistent or a weak voice and tone. Provides little to no variation in sentence type and length.
Points	5　　　　　4	3　　　　　2	1　　　　　0
Language Conventions	Capitalizes, punctuates, and spells accurately. Demonstrates complete thoughts within sentences, with accurate subject-verb agreement. Uses paragraphs appropriately and with clear purpose.	Capitalizes, punctuates, and spells accurately. Demonstrates complete thoughts within sentences and appropriate grammar. Paragraphs are properly divided and supported.	Incorrectly capitalizes, punctuates, and spells. Uses fragmented or run-on sentences. Utilizes poor grammar overall. Paragraphs are poorly divided and developed.
Points	5　　　　　4	3　　　　　2	1　　　　　0

Total Points: _____

NARRATIVE WRITING RUBRIC

Directions: Evaluate students' work in each category by circling one number in each row. Students have opportunities to score up to five points in each row and up to 15 points total.

	Exceptional Writing	Quality Writing	Developing Writing
Focus and Organization	Identifies the topic of the story and maintains the focus throughout the writing. Develops clear settings, a strong plot, and interesting characters. Demonstrates clear understanding of the intended audience and purpose of the piece. Engages the reader from the opening hook through the middle to the conclusion.	Identifies the topic of the story, but has some trouble maintaining the focus throughout the writing. Develops settings, a plot, and characters. Demonstrates some understanding of the intended audience and purpose of the piece. Includes an interesting opening, a strong story, and a conclusion.	Fails to identify the topic of the story or maintain focus throughout the writing. Does not develop strong settings, plot, or characters. Demonstrates little understanding of the intended audience or purpose of the piece. Provides lack of clarity in the beginning, middle, and/or conclusion.
Points	5 4	3 2	1 0
Written Expression	Uses descriptive and precise language with clarity and intention. Maintains a consistent voice and uses an appropriate tone that supports meaning. Uses multiple sentence types and transitions smoothly between ideas.	Uses a broad vocabulary. Maintains a consistent voice and supports a tone and feeling through language. Varies sentence length and word choices.	Uses a limited or an unvaried vocabulary. Provides an inconsistent or a weak voice and tone. Provides little to no variation in sentence type and length.
Points	5 4	3 2	1 0
Language Conventions	Capitalizes, punctuates, and spells accurately. Demonstrates complete thoughts within sentences, with accurate subject-verb agreement. Uses paragraphs appropriately and with clear purpose.	Capitalizes, punctuates, and spells accurately. Demonstrates complete thoughts within sentences and appropriate grammar. Paragraphs are properly divided and supported.	Incorrectly capitalizes, punctuates, and spells. Uses fragmented or run-on sentences. Utilizes poor grammar overall. Paragraphs are poorly divided and developed.
Points	5 4	3 2	1 0

Total Points: _____

210   *126830—180 Days of Writing—Spanish*   © *Shell Education*

OPINION WRITING ANALYSIS

Directions: Record each student's rubric scores (page 208) in the appropriate columns. Add the totals every two weeks and record the sums in the Total Scores column. You can view: (1) which students are not understanding the opinion genre and (2) how students progress after multiple encounters with the opinion genre.

Student Name	Week 6	Week 8	Week 18	Week 22	Week 28	Week 34	Total Scores
Average Classroom Score							

INFORMATIVE/EXPLANATORY WRITING ANALYSIS

Directions: Record each student's rubric score (page 209) in the appropriate columns. Add the totals every two weeks and record the sums in the Total Scores column. You can view: (1) which students are not understanding the informative/explanatory genre and (2) how students progress after multiple encounters with the informative/explanatory genre.

Student Name	Week 4	Week 10	Week 16	Week 20	Week 24	Week 32	Total Scores
Average Classroom Score							

NARRATIVE WRITING ANALYSIS

Directions: Record each student's rubric score (page 210) in the appropriate columns. Add the totals every two weeks and record the sums in the Total Scores column. You can view: (1) which students are not understanding the narrative genre and (2) how students progress after multiple encounters with the narrative genre.

Student Name	Week 2	Week 12	Week 14	Week 26	Week 30	Week 36	Total Scores
Average Classroom Score							

EL PROCESO DE ESCRITURA

PASO 1: PREESCRITURA

Piensa en el tema. Haz una lluvia de ideas y organiza lo que quieres incluir en tu escrito.

PASO 2: BORRADOR

Usa tus ideas de la lluvia de ideas para escribir el primer borrador. No te preocupes por los errores. Será el primer borrador.

PASO 3: REVISIÓN

Lee tu primer borrador. Piensa en el vocabulario que usaste y en cómo está organizado tu escrito. Luego, haz las modificaciones correspondientes para mejorar tu escrito.

PASO 4: CORRECCIÓN

Vuelve a leer el borrador que revisaste. Verifica que no haya errores de ortografía, de puntuación ni de gramática. Usa marcas de corrección para corregir los errores.

PASO 5: PUBLICACIÓN

Crea una versión final de tu escrito en la que incluyas las modificaciones de la versión corregida. Asegúrate de volver a leer tu trabajo para verificar que no haya errores.

MARCAS DE CORRECCIÓN

Marcas de corrección	Nombres de los símbolos	Ejemplo
☰	símbolo de mayúsculas	<u>d</u>avid devoró las uvas.
/	símbolo de minúsculas	Mi madre M̸e abrazó cuando R̸egresé a C̸asa.
⊙	símbolo para insertar punto	La nubes bailaban en el cielo .
sp ◯	símbolo para revisar la ortografía	La historia me ⟨hiso⟩ reír. *sp*
∿	símbolo para cambiar de posición	¿Cómo hoy estás?
∧	símbolo para insertar	¿Me pasarías la pizza? *please*
∧ ,	símbolo para insertar comas	Tengo dos gatos∧ dos perros y un pez de colores. ,
" ∨ " ∨	símbolo para insertar raya de diálogo	"∨Es increíble" ∨ gritó.
℮	símbolo de eliminación	¿Me llamarás llamarás por teléfono esta noche?
¶	símbolo para indicar párrafo nuevo	... en el árbol. ¶ Después del almuerzo, pasé el día...
#	símbolo para agregar espacio	Corrí hacia el árbol. #

CONSEJOS PARA LOS ESCRITOS DE OPINIÓN

Pregúntate. . .

¿Estoy suficientemente convencido de mi opinión como para poder convencer a otros de que piensen lo mismo?

¿He enunciado mi opinión de manera que capte la atención del lector?

¿Tengo al menos tres fundamentos basados en datos reales que respalden mi opinión?

¿Cuento con un ejemplo para cada fundamento que fortalezca mi argumento?

¿Existe un orden lógico en mi escrito?

¿Estoy usando transiciones graduales para relacionar mis pensamientos y permitir que mi escrito fluya?

¿Mi conclusión enuncia nuevamente mi opinión?

¿He escrito correctamente las palabras, y he usado la gramática y la puntuación de manera correcta?

Recuerda. . .

Asegúrate de que puedas respaldar tu opinión con ejemplos específicos.

Comienza con una pregunta o una declaración bien definida que incluya tu opinión.

Incluye al menos tres fundamentos sólidos por los que el lector debería coincidir contigo.

Cada fundamento debe estar seguido de un ejemplo contundente.

Mantente enfocado. Céntrate en un orden lógico para presentar cada razón y ejemplo.

Usa palabras de transición tales como *primero*, *además*, *otro motivo* y *lo que es más importante*.

No olvides volver a presentar tu opinión en la oración final.

Repasa lo que has escrito. Luego, verifica que no haya errores.

CONSEJOS PARA LOS ESCRITOS INFORMATIVOS/EXPLICATIVOS

Pregúntate. . .

Recuerda. . .

¿Proporciono suficiente información sobre el tema?

→ Asegúrate de incluir datos sobre el tema en tu escrito para que el lector esté informado.

¿He limitado el tema?

→ Elige un aspecto del tema sobre el que quieras escribir.

¿Tiene mi escrito algo atrapante?

→ Comienza con una oración temática sólida que capte la atención del lector.

¿Mi información está presentada en un orden lógico?

→ Mantente enfocado. Comienza cada párrafo con una oración temática y agrega detalles.

¿He incluido suficiente información para hacer que el lector se interese y quiera aprender aún más?

→ Finaliza con una oración sólida que haga que el lector quiera aprender más sobre el tema.

¿He escrito correctamente las palabras, y he usado la gramática y la puntuación de manera correcta?

→ Repasa lo que has escrito. Luego, verifica que no haya errores.

CONSEJOS PARA LOS ESCRITOS NARRATIVOS

Pregúntate. . .

Recuerda. . .

¿Soy el personaje principal? ¿La historia se cuenta desde mi punto de vista?

→ Eres parte de la historia, cuentas dónde te encuentras, lo que ves, quién te acompaña y lo que haces.

¿Tiene mi historia algo atrapante?

→ Incluye una oración introductoria interesante que haga que el lector desee continuar leyendo.

¿Tiene sentido mi historia, además de una introducción, un desarrollo y un final?

→ Mantente enfocado. Procura mantener un orden lógico de cómo transcurrió la experiencia.

¿Estoy usando transiciones para relacionar mis pensamientos y permitir que mi escrito fluya?

→ Usa palabras de transición tales como *primero*, *a continuación*, *luego*, *otro* y *finalmente*.

¿Estoy incluyendo detalles y lenguaje sensorial que enriquezcan el escrito para que el lector forme imágenes en su mente?

→ Usa muchos adjetivos e incorpora lenguaje figurado, tal como metáforas y símiles, para que tu historia cobre vida.

¿Resume mi conclusión la idea principal?

→ Incorpora una o dos oraciones con una reflexión sobre lo que has escrito.

¿He escrito correctamente las palabras, y he usado la gramática y la puntuación de manera correcta?

→ Repasa lo que has escrito. Luego, verifica que no haya errores.

Escritura de opinión

Escritura explicativa/informativa

Escritura narrativa

LISTA DE VERIFICACIÓN DE AUTOCORRECCIÓN Y CORRECCIÓN DE LOS COMPAÑEROS

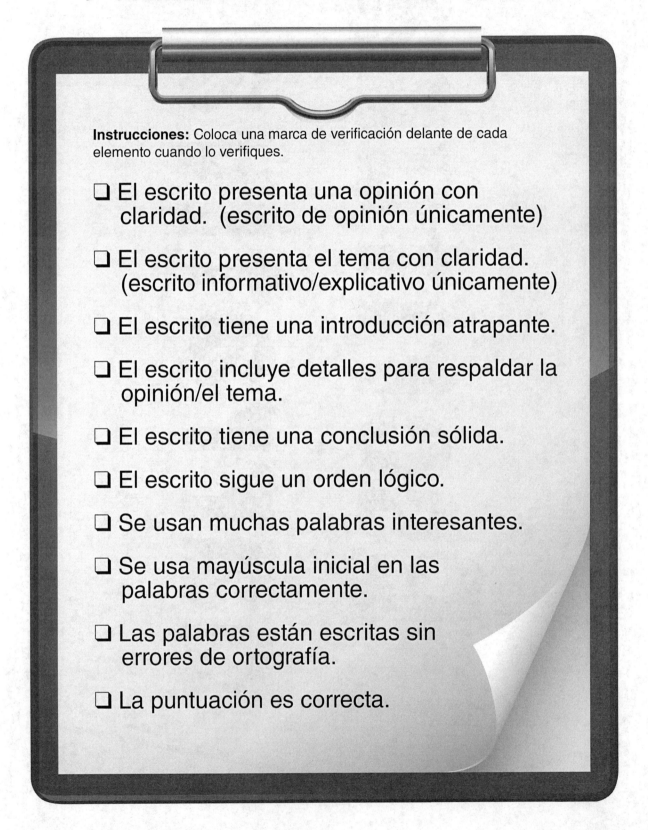

Instrucciones: Coloca una marca de verificación delante de cada elemento cuando lo verifiques.

❏ El escrito presenta una opinión con claridad. (escrito de opinión únicamente)

❏ El escrito presenta el tema con claridad. (escrito informativo/explicativo únicamente)

❏ El escrito tiene una introducción atrapante.

❏ El escrito incluye detalles para respaldar la opinión/el tema.

❏ El escrito tiene una conclusión sólida.

❏ El escrito sigue un orden lógico.

❏ Se usan muchas palabras interesantes.

❏ Se usa mayúscula inicial en las palabras correctamente.

❏ Las palabras están escritas sin errores de ortografía.

❏ La puntuación es correcta.

DIGITAL RESOURCES

Accessing the Digital Resources

The digital resources can be downloaded by following these steps:

1. Go to **www.tcmpub.com/digital**

2. Sign in or create an account.

3. Click **Redeem Content** and enter the ISBN number, located on page 2 and the back cover, into the appropriate field on the website.

4. Respond to the prompts using the book to view your account and available digital content.

5. Choose the digital resources you would like to download. You can download all the files at once, or you can download a specific group of files.

ISBN:
9781087648750

Please note: Some files provided for download have large file sizes. Download times for these larger files will vary based on your download speed.

CONTENTS OF THE DIGITAL RESOURCES

Teacher Resources

- Informative/Explanatory Writing Analysis
- Narrative Writing Analysis
- Opinion Writing Analysis
- Writing Rubric
- Writing Signs

Student Resources

- Peer/Self-Editing Checklist
- Editing Marks
- Practice Pages
- The Writing Process
- Writing Prompts
- Writing Tips

NOTES